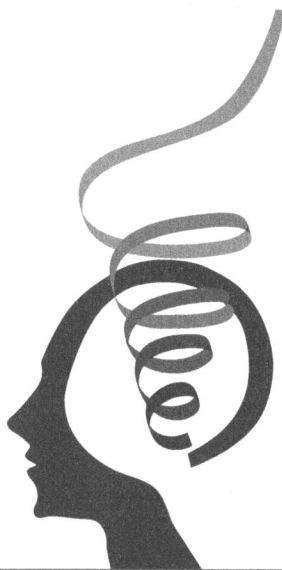

创新思维训练教程

齐洪利 主编 ／ 石磊 崔岩 孙奕 张国庆 副主编

清华大学出版社

北　京

内 容 简 介

本教材秉承行动产生经验、兴趣诱发灵感的理念，以活动为主，大部分章设置了"心有灵犀一点就通：启动思维""跃跃欲试 脑力激荡：引导案例""寻根问源 超越自我：知识链接""体验创造 放飞心灵：创新实践""学有所得 延伸拓展：课后作业"等环节，由浅入深，层层递进，以期在教师的导引下，使学生在实践中学会运用创新思维，提高思维品质，激发创新意识，形成创新能力。

本教材内容不仅是创新创业的基础，也是学生学好专业课程的前提。本教材适合职业院校及应用本科院校学生使用。

图书在版编目 (CIP) 数据

创新思维训练教程 / 齐洪利 主编．—北京：清华大学出版社，2019 (2025.7 重印)
ISBN 978-7-302-53638-3

Ⅰ．①创… Ⅱ．①齐… Ⅲ．①创造性思维—思维训练—教材 Ⅳ．① B804.4

中国版本图书馆 CIP 数据核字 (2019) 第 180674 号

责任编辑：施　猛
装帧设计：常雪影
版面设计：思创景点
责任校对：牛艳敏
责任印制：丛怀宇

出版发行：清华大学出版社
    网 址：https://www.tup.com.cn, https://www.wqxuetang.com
    地 址：北京清华大学学研大厦A座   邮 编：100084
    社 总 机：010-83470000   邮 购：010-62786544
    投稿与读者服务：010-62776969, c-service@tup.tsinghua.edu.cn
    质 量 反 馈：010-62772015, zhiliang@tup.tsinghua.edu.cn
印 装 者：三河市龙大印装有限公司
经 销：全国新华书店
开 本：185mm×260mm 印 张：13 字 数：223千字
版 次：2019年9月第1版 印 次：2025年7月第12次印刷
定 价：39.00元

产品编号：084240-02

前　言

　　"大众创业、万众创新"是我国经济社会发展的新动力。2015年，国务院办公厅发布《关于深化高等学校创新创业教育改革的实施意见》（国发办〔2015〕36号），要求高校以落实立德树人为根本任务，坚持创新引领创业、创业带动就业，主动适应经济发展新常态。因此，创新创业已成为学校教育的重要内容，一种以素质为引领、以学生为中心、与专业教育融合的创新创业教育体系逐渐形成。创新创业教育并不是简单地指向创业，更不是教育中的"孤岛"，而是全面地培养和激发学生的创新意识和创新能力，改变学生"脑子不会想，嘴巴不能说，双手不会做"的现象，达到学生积极思考、勇于创新、把握机会、改善生活品质的目的。《创新思维训练教程》正是基于创新创业教育的需要，面向中高职和应用本科学生的一部专业基础教材。

　　本教材秉持行动学习和以学生为中心的教育理念，包括创新思维的概念及特征、思维障碍及克服方法、创新思维形式、创新思维工具等内容。从知识维度看，学生可以在系统掌握创新思维的内涵、特征及发生原理的基础上，认知并努力克服思维障碍，并利用各种思维形式打开思路、形成创新意识，最后通过创新思维工具将发散与聚合思维有效整合，发现和运用思维规律，形成创新能力；从能力形成维度看，学生可以通过系列创新活动与实践，做中学，践中行，激发内驱力，改善思维习惯，形成创新能力，养成创新品质，奠定创业基础。为有效开展学习活动，教材每节设计了"心有灵犀　一点就通：启动思维""跃跃欲试　脑力激荡：引导案例""寻根问源　超越自我：知识链接""体验创造　放飞心灵：创新实践""学有所得　延伸拓展：课后作业"等环节，将学习的重点放在体验和创造上，让学生在由浅入深、由简到繁的创造活动中全面成长。

　　爱因斯坦曾说："想象力比知识更重要，因为知识是有限的，而想象概括着世界上的一切，推动着进步，并且是知识进化的源泉。严格地说，想象力是科学研究中的实在因素。"建议学生在使用本教材时应持有创新不是学出来的而是做出来的信念，积极参与，独立行动，力争原创，建构自我认知结构。教师应坚信创新不是教出来的而是自我建构的理念，积极引导，主动为学生的探索提供必要的支持和帮助，重在培养学生的自信。本教材适用于高等职业院校及中等职业学校各个专业，各专业教师可根据专业特点，进行适当的改造和再开发。教材备有相应的数字资源、活动操作指南及部分参考答案，可扫描封底二维码下载。

本教材是优质校建设成果之一，也是编写团队多年研究和教学实践成果的结晶。本书由齐洪利教授谋篇并统稿，崔岩协助做了统稿工作。书中部分内容借鉴了国外研究成果，其中，石磊做了大量翻译及转化工作。各成员编写分工如下：孙姿教授负责第一章；崔岩负责第二章；齐洪利教授负责第三章；石磊负责第四章；张国庆负责全书插图的创作。本书编写过程中得到了爱尔兰特瑞里理工学院（IT Tralee, Ireland）Valerie Mc Grath 老师的指导和帮助，也参阅了互联网及相关著作和教材，在此一并表示感谢！

创新是人类发展不竭的动力，创新创业教育亦处在不断的创新过程之中。本教材力图立足职业教育实际，实现"课堂革命"，打造"金课"，让学生学有兴趣，使教师教有成就，但因作者水平有限，不足之处在所难免，恳请老师、同学提出宝贵意见。反馈邮箱：wkservice@vip.163.com。

编　者
2019 年 3 月

目　录

目　录

1 第一章

创新思维概述

第一节 SECTION ONE
思维概述

一、心有灵犀 一点就通：启动思维

【活动】中国有谚语："朝霞不出门，晚霞行千里""雨后生东风，未来雨更凶"。
"朝霞不出门，晚霞行千里"的意思就是如果早晨起来看到天边有朝霞，当天的天气
可能会不好，要引起重视；若是傍晚看到天边的晚霞，第二天很有可能有一个好天气。
"雨后生东风，未来雨更凶"的意思是如果雨停后，仍有三四级的偏东风，这可能表

明降雨只是暂时停止了，刮东风意味着，风会把海上潮湿的水蒸汽带到陆地，水蒸汽遇冷空气后会带来降雨，说明未来可能会下更大的雨。

从一件事情推想出眼前尚未发生而未来可能发生的事情，这是劳动人民在实践中积累的经验与智慧。

请以小组或个人为单位，说出类似的谚语并讲出它们背后的道理。

二、跃跃欲试 脑力激荡：引导案例

【案例】到国外度假

五位女士一起到国外度假，根据下面所给的信息，请你分别说出她们的名字、去哪个国家、住在哪里以及去当地度假的原因。

（1）泰莎去毛里求斯或者印度尼西亚，主要是因为那里的商店或者沙滩。

（2）莫娜之所以度假，主要是为了当地的森林或者寺庙。

（3）有一位女士在柬埔寨度假，但她住的既不是酒店，也不是度假村。

（4）在印度尼西亚或柬埔寨选择住别墅的或者是艾德瑞，或者是罗梅。

（5）牧人小屋不是在寺庙附近就是在商店附近。

（6）或者是酒店，或者是旅馆有一个游泳池。

（7）杰娜或者是去了印度尼西亚，或者是去了泰国，她也许是为了那里的森林，也许是为了到那里的商店购物；杰娜或者是待在牧人小屋，或者是待在度假村。

（8）罗梅也许住在牧人小屋，也许住在别墅里，她之所以去度假，也许是为了那里的游泳池，也许是为了那里的商店。

（9）在这五位女士中，有一位去了马来西亚。

（资料来源：杨建峰.哈佛给学生做的 1500 个思维游戏 [M]. 成都：四川科学技术出版社，2016.）

三、寻根问源 超越自我：知识链接

（一）什么是思维？

心理学认为，思维是人脑对客观现实的概括与间接的反映，它反映的是事物的本质和事物间规律性的联系。思维同感觉、知觉一样是人脑对客观现实的反映。感觉和知觉是当前的事物在人头脑中直接的映像，反映的是事物的个别属性、个别事物及其外部的特征和联系，属于感性认识；而思维所反映的是一类事物共同的、本质的属性和事物间内在的、必然的联系，属于理性认识。

可以把人比作一台计算机。对于计算机来说，主机、键盘、鼠标、内存条、处理器、硬盘和显示器等是它的硬件，程序等携带的信息资料是它的软件；人的感觉器官之眼睛、耳朵、鼻子、舌头、皮肤以及内脏、大脑、小脑等是人的"硬件"，外在的信号以及感觉信号所携带的信息内容就是人的"软件"。人类对自身"软件"的加工——信息内容的处理过程，就叫思维。

人们在生活实践中常常遇到许多仅靠感觉、知觉和记忆解决不了的问题。实践要求人们在已有的知识经验的基础上通过迂回、间接的途径去寻找问题的答案；实践要求人们对丰富的感性材料进行"去伪存真、去粗取精、由此及彼、由表及里"的改造，实现问题的解决。这种"改造制作"的功夫，这种通过迂回、间接的途径获得问题答案的认识活动，就是思维活动。

（二）思维的主要特点

1. 思维过程的间接性

间接性是指思维凭借知识、经验对客观事物进行的间接的反应。

首先，思维可以凭借知识经验，对没有直接观察到的事情进行推导。例如，清早起来发现院子里的地面湿了，房顶也湿了，就可以判定昨天晚上下雨了。夜里下雨是通过地面湿了、房顶潮湿推断出来的，这就是间接的反映。

其次，思维凭借知识经验，能对根本不能直接感知的事物及其属性进行反映。例如，医生没有直接看到病毒对人体的侵袭，却能通过体温、血液成分和症状来诊断患者得了这样或那样的病。经济学家通过货币总量、物价、失业率判断社会经济运行情况。也就是说，思维继承和发展着感知和记忆表象的认识功能，但已远远超出它们的界限。思维的间接性使人能够揭示不能感知的事物的本质和内在规律。

第三，思维凭借知识经验，能在对现实事物认识的基础上进行延伸式的无止境的扩展。假设、想象和理解，都是以这种思维的间接性作为基础的。例如，制订计划、预测未来，就是这方面的表现形式。中国古代诗人陆游有句诗："小楼一夜听春雨，深巷明朝卖杏花。"在这句诗中，诗人听到"雨声"，加上以往的知识经验，推想出眼前尚未发生而未来可能发生的事情——明朝卖杏花。思维的这种间接性，使思维能够反作用于实践，指导实践，在工作中能够发挥巨大的作用。

无论是自然现象还是社会现象，无论是生活琐事还是社会大事，直接感知经验是必要的，但不足以为人类认知提供足够的信息。思维活动把不同的事物或现象，把本来无直接关系的事物或现象联系起来，人才可能超越感觉、知觉等提供的信息，去揭露事物或现象的本质和规律。

2. 思维过程的概括性

概括性一方面是指把同一类事物共同的本质特征抽取出来加以概括，得出概括性的认识。比如，台灯、吊灯、壁灯、支架灯、吸顶灯、闪光灯等，都具有照明功能，我们统称为"灯"；又如，枣树、苹果树、梨树等，可依据其根、茎、叶、果等共性统称为"果树"。狮子、老虎、熊猫、梅花鹿、大象，对它们进行分析、比较，可以从中抽象出共同的属性——动物，再抽象、比较、概括，是兽类动物。兽类动物就是它们本质的共同的属性和特征。

概括性也表现在将多次感知到的事物之间的联系和关系加以概括，得出有关事物之间的内在联系的结论。比如，每次看到"月晕"就要"刮风"，路边的大石块儿"潮湿"就要"下雨"，就能得出"月晕而风""础润而雨"的结论。这既表现了思维的间接性，也表现了其概括性。概括性的关键在于提炼、总结。我们概括了所观察的诸如此类现象，得出这类现象的一般特性，发现这类现象之间的规律性联系和关系。这种对事物一般特性和规律性的认识，就是对事物的概括认识，这是思维过程的第二个重要特点。

思维的概括性使人的认识摆脱了具体事物的局限性和对具体事物的直接依赖性，并在思维的概括活动中形成概念和命题，这就无限地扩大了人的认识范围和加深了人对世界事物的了解。

（三）思维的主要类型

（1）根据凭借物可以将思维分为直观动作思维、具体形象思维和抽象逻辑思维。

直观动作思维是指在思维过程中以具体、实际的动作作为支柱而进行的思维，这种思维所要解决的问题一般是直观、具体的。例如，小朋友通过掰手指进行算术，这就是以具体、实际的动作作为支柱而进行的思维。

具体形象思维是指在思维过程中借助表象而进行的思维，表象是这类思维的支柱。

例如，现在小学课本里都是五颜六色的，就是因为这种方法可以帮助学生更好地借助表象来进行学习，和实际进行联系。又如，学生在进行数学运算的时候，如3+4=7，在脑子里呈现出3个苹果加4个苹果等于7个苹果。

抽象逻辑思维是指在思维过程中以概念、判断、推理的形式来反映事物本质属性和内在规律的思维。概念是这类思维的支柱。如初中和高中的数学代数运算、物理公式的运用等。

（2）根据逻辑性可以将思维分为直觉思维和分析思维。

直觉思维是未经逐步分析就迅速对问题答案做出合理的猜测、设想或领悟的思维。如常讲的第六感和艺术家在创作时的灵感等，就是直觉思维。分析思维是经过逐步分析后，对问题得出明确结论的思维。如警察判案的过程，就是经过逐步分析而得出结论的分析思维。

【案例】中国龙蒿与英国龙蒿

从外表来看，中国龙蒿与英国龙蒿十分相像，然而在成长的过程中，它们却有两个不同的地方。首先，在成长的过程中英国龙蒿会开花，而中国龙蒿不会开花；其次，中国龙蒿的叶子有一种特殊的香味，而英国龙蒿的叶子没有这种香味。

从上述论说中，我们可以推出下面的哪一项结论？

A. 英国龙蒿的花朵很可能没有香味。

B. 世界上的龙蒿只有两个品种，一种是英国龙蒿，一种是中国龙蒿。

C. 由龙蒿的种子一点点成长出来的龙蒿绝对不是中国龙蒿。

D. 作为一种观赏性的植物，中国龙蒿比英国龙蒿更受到人们的喜爱。

由题意可知，中国龙蒿在成长的过程中是不会开花的，不开花自然也不会结果与长种子。因此，中国龙蒿一定不是由种子发育而来的。C是正确答案。

（资料来源：杨建峰. 哈佛给学生做的1500个思维游戏 [M]. 成都：四川科学技术出版社，2016.）

（3）根据指向性可以将思维分为聚合思维和发散思维。

聚合思维，也称为集中思维、求同思维，是指人们解决问题时，思路集中到一个方向，从而形成唯一的、确定的答案，即"由多到一"的过程，如在几何证明题中，从各种解题方法中筛选出一种最合理的。发散思维，也叫求异思维、分散思维，是指人们解决问题时，思路向各种可能的方向扩散，从而求得多种答案，即"由一到多"的过程，如一题多解。

（4）根据创新性程度可以将思维分为常规思维和创造性思维。

常规思维也称再造性思维，是人们运用已获得的知识经验，按现成的方案和程序，用惯用的方法或固定的模式来解决问题的思维方式；创造性思维是以新颖、独特的方式来解决问题的思维方式。托马斯·爱迪生在发明白炽电灯前，一天，他在实验室里想知道灯泡的容积大小，于是便请助手去测量。可过了许久，他见助手还没有把数据送来，于是他来到了助手实验室。走进门，爱迪生看见助手正在桌旁不停地演算着，便上前问他在干什么，助手回答道："我刚才已经测量灯泡不同部分的周长，现在正在用数学公式进行计算，马上就可以知道答案了。"爱迪生哭笑不得："难道你就不知道先把灯泡里灌满水，然后再去测量水的体积吗？"在这个案例中，爱迪生的助手用的就是常规思维，而爱迪生用的是创造性思维。

【案例】一批小树拯救旅馆

美国纽约州有一家三流旅馆，生意一直不是很景气，老板无计可施，只等着关门了事。后来，老板的一位朋友指着旅馆后面一块空旷的平地给他出了个主意。次日，旅馆贴出了一张广告："亲爱的顾客，您好！本旅馆山后有一块空地专门用于旅客种植纪念树之用。如果您有兴趣，不妨种下10棵树，本店为您拍照留念，树上可留下木牌，刻上您的大名和种植日期。当您再度光临本店的时候，小树定已枝繁叶茂。本店只收取树苗费200美元。"广告打出后，立即吸引了不少人前来，旅馆应接不暇。

没过多久，后山树木葱郁，旅客漫步林中，十分惬意。那些种树的人更是念念不忘自己亲手所植的小树，经常专程来看望。一批旅客栽下了一批小树，一批小树又带回一批回头客，旅馆自然就顾客盈门了。

解决问题的方法不是从天而降的，而是人们自己创造的。这种方法想不通，我们为什么不换一种方式思考呢？如果换一种思维方式，问题可能马上就解决了。

（资料来源：三湘都市报数字报刊）

四、体验创造 放飞心灵：创新实践

新式包装

有一家家具制造企业，每次将制造的玻璃运送到各个商场时，频繁出现破损的情况，客户经常向制造商索赔或要求退货。但是，制造商的纸箱包装做得十分精美，纸箱上也标示了提示性的醒目字眼，如"易碎品""轻拿轻放"等。每个环节都力求做得尽善尽美，不知道到底是哪里出了问题。

为此，这家家具制造企业派出市场人员进行跟踪调查，他们最后得出的结论是，搬运工人在搬运过程中很不小心，以致玻璃破损。

针对存在的问题，你能帮制造商设计一个新包装吗？

五、学有所得 延伸拓展：课后作业

【案例】鲁班发明锯子

春秋战国时期，我国有一位发明家叫鲁班。两千多年来，他的名字和有关他的故事，一直在民间流传，后代木工匠都尊称他为祖师。

鲁班大约生于公元前507年，本姓输，名班。因为他是鲁国人，所以人们尊称鲁班，他主要从事木工工作。那时人们要将树木制成既平又光滑的木板，还没有什么好办法。鲁班在实践中留心观察，模仿生物形态，发明了许多木工工具，如锯子、刨子等。

鲁班是怎样发明锯子的呢？相传有一次他进深山砍树木时，一不小心，手被一种野草的叶子划破了，他摘下叶片轻轻一摸，原来叶子两边长着锋利的齿，他的手就是被这些小齿划破的。他还看到在一棵野草上有条大蝗虫，虫子的两颗大板牙上也排列着许多小齿，所以能很快地磨碎叶片。鲁班从这两件事上得到了启发。他想，这样齿状的工具是否也能很快地锯断树木呢？于是，他经过多次试验，终于发明了锋利的锯子，大大提高了劳动效率。

（资料来源：百度文库 https://wenku.baidu.com/view/cde049dbb04e852458fb770bf78a6529647d3510.html）

请你找出5个以上我国古代发明创造的故事。

第二节 SECTION TWO

创新思维及其训练

一、心有灵犀 一点就通：启动思维

【活动】1+1=1？

如果说 1+1=1，1+2=1，3+4=1，5+7=1，6+18=1，大脑第一反应：不可能！

真的不可能吗？

如何把它变成可能？你试一下。

二、跃跃欲试 脑力激荡：引导案例

【案例】被卡住的货车

有一辆货车在通过一座天桥时，因为司机没有看清楚天桥的限高标记，车上的货物高出了桥洞 1 厘米，结果车正好被卡在天桥下面。因为当时车上装的货物很重，所以一下子很难把货车开出来。

为了弄出这辆货车，司机和当地交管部门的工作人员用尽各种办法，都无济于事。

（资料来源：百度文库 https://wenku.baidu.com/view/de02e9cea1116c175f0e7cd1842
54b35effd1a4a.html）

你能帮司机想出办法吗？

三、寻根问源 超越自我：知识链接

（一）什么是创新思维?

创新思维是指以新颖独创的方法解决问题的思维过程，通过这种思维能突破常规思维的界限，以超常规甚至反常规的方法、视角去思考问题，提出与众不同的解决方案，从而产生新颖的、独到的、有社会意义的思维成果。创新思维的本质在于将创新意识的感性愿望提升到理性的探索上，实现创新活动由感性认识到理性思考的飞跃。

（二）创新思维的特征

1. 创新思维的多向性

创造性思维不受传统、单一的思想观念限制，思路开阔，能从全方位提出问题，能提出较多的设想和答案，选择面宽广。思路若受阻、遇有难题时，能灵活变换某种因素，从新角度去思考，调整思路，善于巧妙地转变思维方向，产生适合时宜的新办法。

【案例】卖鞋

两个推销人员到一个岛屿上去推销鞋。一个推销员到了岛屿上之后，气得不得了，他发现这个岛屿上每个人都赤脚走路。他气馁了，没有穿鞋的人，推销鞋怎么行？这个岛屿上的人是没有穿鞋的习惯的。他马上发电报回去，鞋不要运来了，在这个岛上没有销路的，这里每个人都不穿鞋的，这是第一个推销员。第二个推销员来了，高兴得几乎昏过去了，不得了，这个岛屿上的鞋的销售市场太大了，每一个人都不穿鞋啊，要是一个人穿一双鞋，那要销出多少双鞋出去。他马上打电报，要求赶快空运鞋来。第二个推销员成功打开了这个岛屿上鞋的市场。

（资料来源：百度百科 https://baike.baidu.com/item/%E5%88%9B%E6%96%B0%E6%80%9D%E7%BB%B4/470205?fr=aladdin）

同样一个问题，你看，不同的思维得出的结论是不同的。

2. 创新思维的独创性

独创性是创造性思维的基本特点。创造性思维活动是新颖的、独特的思维过程，它打破传统和习惯，不按部就班，解放思想，向陈规戒律挑战，对常规事物怀疑，否定原有的框框，锐意改革，勇于创新。在创造性思维过程中，人的思维积极活跃，能从与众不同的新角度提出问题，探索开拓别人没认识或者没完全认识的新领域，以独到的见解分析问题，用新的途径、方法解决问题，善于提出新的假说，善于想象出新的形象，思维过程中能独辟蹊径，标新立异，革新首创。

【案例】先有鸡还是先有蛋？

一家酒店经营得很好，人气旺盛，财源广进。酒店的老板准备开展另外一项业务，由于没有太多的精力管理这家酒店，打算在现有的三个部门经理中物色一位总经理。

老总问第一位部门经理："是先有鸡还是先有蛋？"

第一位部门经理不假思索地答道："先有鸡。"

老总接着问第二位部门经理："是先有鸡还是先有蛋？"

第二位部门经理胸有成竹地答道："先有蛋。"

这时，老总问最后一位部门经理："你来说说，是先有鸡还是先有蛋？"

第三位部门经理认真地答道："客人先点鸡，就先有鸡；客人先点蛋，就先有蛋。"

老总笑了，他决定将第三位部门经理升任为这家酒店的总经理。

（资料来源：搜狐网 http://www.sohu.com/a/62255499_386448）

就事论事，往往很容易局限在一个小的圈子里，这就是常说的"惯性思维"。跳不出来时，就找不到处理问题的正确方法；相反，当我们换个角度跳出原有惯性思维的框框时，我们就走上了一条新路，即"柳暗花明又一村"。

3. 创新思维的综合性

综合性思维是把对事物各个侧面、部分和属性的认识统一为一个整体，从而把握事物的本质和规律的一种思维方法。综合性思维不是把事物各个部分、侧面和属性的认识随意地、主观地拼凑在一起，也不是机械地相加，而是按它们内在的、必然的、本质的联系把整个事物在思维中再现出来的思维方法。

【案例】"阿波罗"登月计划

1969 年 7 月 16 日，美国实现了"阿波罗"登月计划，参加这项工程的科学家和工程师超过 42 万人，参加单位 2 万多个，历时 11 年，耗资 300 多亿美元，共用 700 多万个零件。美国"阿波罗"登月计划总指挥韦伯曾指出："阿波罗计划中没有一项新发明的技术，都是现成的技术，关键在于综合。"

（资料来源：百度文库 https://wenku.baidu.com/view/00a83a46c4da50e2524de51896
4bcf84b8d52d07.html）

可见，阿波罗计划是充分运用综合性思维方法进行的最佳创新。

4. 创新思维的联动性

创造性思维具有由此及彼的联动性，是创造性思维所具有的重要的思维能力。联动有三个方向：一是正向，看到一种现象，就向纵深思考，探究其产生原因；二是逆向，发现一种现象，则想到它的反面；三是横向，能联想到与其相似或相关的事物。总之，创造性思维的联动性表现为由浅入深，由小及大，触类旁通，举一反三，从而获得新的发现。

5. 创新思维的批判性

在认识、解决问题的过程中，创新思维会对既有知识、经验和常规思维定势进行质疑。批判思维需要以健康的心态全面看待权威，以发展的眼光客观地对待既有知识、经验。

明代学者陈献章说过："学贵有疑。小疑则小进，大疑则大进。疑者，觉悟之机也。一番觉悟，一番长进。"

（三）创新思维的重要性

1. 社会需要创新

人类社会的发展和进步，是通过不断创新来实现的。创新不仅是推动人类文明进步的主要因素，而且是保护和传承文明的主要动力。一个民族如果没有创新的能力，既无法在激烈的竞争中生存和发展，也无法保护和传承本民族优秀的文化传统。随着社会的快速发展，社会对于创新能力的要求越来越强烈。当今世界是一个比以往任何时候都需要创新品质与能力的世界。

2. 组织需要创新

对于一个组织而言，创新可以包括很多方面，如技术创新、体制创新、服务创新等。创新是实现可持续性发展的必要因素，创新能够在激烈的竞争环境中，帮助组织健康

发展。管理大师德鲁克说过：对企业来讲，要么创新，要么死亡。

3. 个人需要创新

随着知识经济时代的到来，人们所面对的竞争压力将比以往任何时代都要激烈，是否具有较强的创新能力成为判断一个人是否具有竞争力的一个重要标准。学习、体会、掌握一种新思维方法，比解决一个现实生活中的实际问题更重要，创新思维方法的学习与运用，为这种积极主动的竞争参与提供了必要性与可能性。

（四）创新思维方法的训练及其意义

应该说，人人都具有创新思维能力，但有强弱、高低的差别。虽然创新思维方法本身并不能直接给人们提供各种具体的创新发现，但它为人们进行创新活动提供了必

要的思维手段和方法。这种思维手段就是指它的工具性。对于这种思维工具，我们完全可以通过思维实践来提高运用创新思维方法的技巧和技能。因此，加强创新思维方法的技巧和技能的训练，也是提高创新思维能力的手段之一。

1. 创新思维训练的可行性

（1）任何人都可以通过教育训练，以选择、突破、重新建构的方式，使既有的知识、经验和才能不断获得提高和发展。可以说，在天才和普通人之间，创新思维能力没有原则上的差别，至多只是一种创新条件、创新水平和创新成果的差异而已。

（2）人们的头脑有很强的可塑性，可以通过不断的、有意识的、针对性的训练，增加大脑创新思维的相应机能，开发人们潜在的创新能力，如想象力、观察力、分析能力、推理能力、独创能力等，并使这些能力点点滴滴地整合成一个整体，以促进人们的创新意识和创新能力。

2. 创新思维方法训练的意义

（1）淡化思维定势。创新思维的强化训练就是要培养突破习惯性思维的能力。思维最容易趋向于经验、习惯，依赖于心理定势，通过创新思维训练可以帮助训练者避免固守经验，还可以帮助训练者正确对待书本。孟子曾经说过："尽信书，则不如无书。"创新思维方法的训练就是要使自己在现实的学习生活中，学会变被动学习为主动学习。

（2）激发问题意识。通过创新思维的强化训练，可以把旺盛的求知欲和强烈的好奇心同解决问题联系起来，让人善于发现问题、解决问题。

（3）提高综合思维能力。通过创新思维的强化训练，可以：

培养对不同问题及时做出不同反应的流畅性；

培养富有直觉的、敏锐的感受力和洞察力；

培养举一反三、触类旁通、能按照问题情况灵活改变思路、从不同角度观察、分析、解决问题的灵活性和韧性；

培养别开生面、独辟蹊径解决问题的新颖性和独创性；

培养想象或联想的丰富性；

培养灵感、直觉一旦产生就能立刻进行推敲及深思熟虑的严密性。

（4）培养人的开拓性、创造性。通过创新思维的强化训练，可以使我们让常规思维所束缚的想象力重新活跃起来，使我们丰富的创造力展翅飞翔，使我们的思维能力进入一个新的境界。

总之，创新思维能力的培养和提高是一个整体的过程，在这个过程中，创新思维方法的训练只是其中的一个环节。它的存在价值就在于通过这种有意识的思维训练，提高我们的创新意识和创新能力，从而使我们能够在学习、生活、工作中从容应对需要解决的各种问题。

四、体验创造 放飞心灵：创新实践

任务：制作空中飞蛋

目的：培养小组成员的创造力及团队精神

形式：以 6 ～ 8 人组成的小组为单位

时间：30 分钟

材料：每组鸡蛋 1 个，气球 1 个，塑料袋 1 个，竹签 4 根，塑料匙、叉各 2 个，橡皮筋 6 条。（根据难易度，可自由设置除鸡蛋外的其他物品。）

操作程序：

（1）把上述材料发给每组，让小组成员在 30 分钟之内，用所给的材料来给鸡蛋设计保护伞，使鸡蛋从 3 层楼高度扔下来也不被摔破。

（2）30 分钟之后，每组留一位成员在 3 层楼高的地方扔鸡蛋，其他成员可以到楼下空地观看并检查落下的鸡蛋是否完好。鸡蛋完好的小组获胜。

五、学有所得 延伸拓展：课后作业

2015 年 10 月 5 日，瑞典卡罗琳医学院在斯德哥尔摩宣布，中国女科学家屠呦呦、一名日本科学家及一名爱尔兰科学家分享 2015 年诺贝尔生理学或医学奖，以表彰他们在疟疾治疗研究中取得的成就。屠呦呦由此成为迄今为止第一位获得诺贝尔科学奖项的本土中国科学家、第一位获得诺贝尔生理医学奖的华人科学家，由此实现了中国人在自然科学领域诺贝尔奖零的突破。

人们欣喜之余，也不乏理性思考。有人试图通过屠呦呦的科研经历，探寻她的成功密码。分析发现，这位"低调的求索者"骨子里无处不涌动着创新的冲动，蕴含着创新的勇气，闪烁着创新的思想火花。正如屠呦呦自己所说："作为一个科学工作者，我们需要用创新精神去寻找新事物。"

　　2018 年的诺贝尔医学或生理学奖由日本京都大学教授本庶佑与美国免疫学家詹姆斯·艾莉森共同获得。本庶佑获奖后，准备把他获得的奖金全部赠给母校京都大学，采访中又谈到了他自己的科学精神——好奇和质疑。当他被问到自己在研究中需要注意、需要珍视什么的时候，他回答："好奇心。另外一个，不要简单地相信，用自己的眼睛，干到确信为止。"对事物探索的好奇心和质疑，其实就是本庶佑的研究之道。

　　思考一下：

　　他们的治学态度对你有什么样的启发？

　　想想哪些创新给人类社会带来了巨大的飞跃？

2 第二章

创新思维的障碍

创新思维的障碍及其成因

一、心有灵犀 一点就通：启动思维

【活动】

下面不是一个有效的数学表达式，请加一条直线，使之成为一个有效的数学表达式。

2+7-118=129

【活动】思考：十文钱跑哪儿去了？

从前，有三个穷书生进京赶考，途中在一家旅店投宿。这间旅店的房价是450文一间，三个人决定合住一间，于是，每人向店老板支付了150文钱。后来，老板看三人可怜，又优惠了50文，让店小二拿着钱还给三人。伙计心想：50文钱他们三个人不好分，就还给他们30文，自己拿了20文钱。问题出来了：每个书生实际上各自支付了140文，合计420文；加上店小二私吞的20文，等于440文；那还有10文钱去了哪里？

二、跃跃欲试 脑力激荡：引导案例

（一）狗鱼思维

有一种鱼叫作狗鱼。狗鱼富有攻击性，喜欢攻击一些小鱼。科学家做了这样一个实验：把狗鱼和小鱼放在同一个玻璃缸里，在两者中间隔上一层透明玻璃。狗鱼一开始就试图攻击小鱼，但是每次都撞在玻璃上。慢慢地，它放弃了攻击。

后来，实验人员拿走了中间的玻璃，但这时狗鱼仍没有攻击小鱼的行为，这个现象被叫作"狗鱼综合征"。狗鱼综合症状通常具有以下几个特点：对差别视而不见；

自以为无所不知；滥用经验；墨守成规；拒绝考虑其他的可能性；缺乏在压力下采取行动的能力。

（资料来源：http://www.jiyifa.cn/siwei/816126.html）

问题：

这个案例带给你什么启示？

你是否在学习或生活中有过相似经历？与大家分享一下。

（二）淘金不如卖水

19世纪中叶，美国加州传来发现金矿的新闻。很多人以为这是一个百年不遇的发财机遇，于是纷纷赶赴加州。一个小农民亚摩尔也加入了这支庞大的淘金队伍，他同大家一样，历尽千辛万苦赶到了加州。淘金梦是漂亮的，做这种梦的人很多，而且越来越多的人一拥而上，一时间加州遍地都是淘金者，而金子自然越来越难淘。不仅金子难淘，生活也越来越艰难。当地气候干燥，水源奇缺，许多可怜的淘金者不但没有圆了致富梦，反而葬身于此。亚摩尔经过一段时间的努力，跟大多数人一样，没有淘到黄金，反而被饥渴折磨得半死。

一天，望着睡袋中一点点舍不得喝的水，听着四周人对缺水的抱怨，亚摩尔忽发奇想："淘金的希望太渺茫了，还不如卖水呢！"于是，亚摩尔将手中挖金矿的工具变成挖水渠的工具，从远方将河水引入水池，用细沙过滤成清凉可口的饮用水，再将水装进桶里，挑到山谷一壶一壶地卖给找金矿的人。当时有人讥笑亚摩尔没有大志："你千辛万苦地到加州来，不挖金子发大财，却干起这种蝇头小利的小交易，这种生意哪儿不能干？何必跑这里来干？"亚摩尔满不在乎，不为所动，继续卖他的水。他觉得哪里有这样的好买卖，可以把毫无本钱的水当商品卖出去赚到钱，哪里有这样好的市场？结果可想而知，淘金者都空手而归，而亚摩尔却在很短的时间靠卖水赚到几千美元，这在当时是一笔相当可观的财产。

（资料来源：https://zhidao.baidu.com/question/653942249504159405.html）

讨论：

（1）那些笑亚摩尔没有大志的人是被什么想法束缚了思维？

（2）你是怎么认识"思路决定出路"这句话的？

三、寻根问源 超越自我：知识链接

（一）何为创新思维的障碍？

思维，从字面上理解，"思"是思考，"维"是角度、方向、次序，思维可以理解为沿着一定方向思考。因此，创新思维的障碍主要来自两个方面：一是"思"，如迷信、刻板、固执等，被称为"思维偏见"；二是"维"，如陈规旧律、规则、习惯等，被称为"思维定势"。

当思维受到心理因素的影响就会形成思维偏见，当思维受到规则、习惯等的制约或束缚就会形成思维定势。无论是思维偏见还是思维定势，均会阻碍创新，成为创新思维的障碍。

（二）创新思维障碍的成因

创新思维障碍的产生受多种因素的影响，以下介绍较为普遍的 4 种。

1.感性障碍

人们在现实生活中的所观、所感与事实本身相比会出现偏差，从而影响到察觉问题及解决问题所需要的相关信息，我们称这种现象为思维的感性障碍。

例如，我们所说的"成见"，就是生活中较为常见的感性障碍，人们根据自己头脑中已有的想法来判断人和事物，很容易产生先入为主的印象或偏见。再如，我们所说的"贴标签"也是一种感性障碍，因为一个人或事物一旦被贴上一种标签，人们就容易忽略他的其他特征，很难再保持客观、公正的立场和以全面的视角来看问题。

【案例】带收纳功能的椅子

我们在餐厅用餐的时候，经常会遇到这样的尴尬：随身携带的包和衣物无处安置，挂在椅子靠背上怕弄丢或弄脏，放在别的椅子上又占用空间。有了图 2-1 所示那样的椅子，打开坐垫板，把随身携带的衣物塞进去、合上，问题就迎刃而解了。这把椅子的发明者正是打破了"椅子是用来坐的"这种带有成见的感性障碍，创造出既能坐又有收纳功能的椅子，为人们的日常生活提供了便利。

（资料来源：http://www.sohu.com/a/235170440_675642）

图 2-1　常收纳功能的椅子

2. 情感障碍

就情感体验来说，人的内心一般都害怕犯错误、害怕失败、害怕承担风险，这便是常见的、基本的情感障碍。因为赞同大多数人的观点、跟随大多数人的做法，不让自己成为少数而被孤立，能够给人以归属感和安全感，因而现实生活中很多人便产生了从众思维和从众心理。而创新恰恰相反，创新要求打破常规、不走寻常路，这与人的内心情感需求是相悖的，因而无形中创新思维与创新意识便受到了约束。这种为照顾内心情感需要而使创新思维受阻的现象就是创新思维的情感障碍。

【案例】不同的购物篮

很多人在逛商场的时候都有过这样的经历，你赶时间要购买一系列东西，但不时会被旁边导购员的推销所打扰，韩国一家超市的创新性做法会帮你解决这一苦恼。图 2-2 是这家超市里的购物篮，分为两种，分别采用两个不同的颜色：绿色的代表"不需要导购帮助"，橙色的代表"需要导购帮助"。当你拿着绿色的购物篮时，就不用再担心被打扰，拿着橙色的购物篮时就会得到导购员热心的帮助。这样就能满足每个顾客的情感需求，提供个性化的服务。虽然只是花了一点小心思，但这个创意大大提升了顾客舒适的购物体验。

（资料来源：http://www.sohu.com/a/235170440_675642）

图 2-2　不同的购物篮

3. 文化与环境的影响

社会中的每一个人，都是在历史传统文化氛围和民族心理等因素交互影响下成长起来的，不可能摆脱民族历史文化对个人所产生的深刻影响。1972 年，联合国教科文组织的报告《学会生存》指出："人的创造力，是最容易受文化的影响，是最能开发并超越人类自身成就的能力，也是最容易受到压抑和挫伤的能力。"这说明，社会文化可以促进创新的发展，也可能成为创新的障碍。一般来说，文化禁忌越多的民族其创新性就越弱一些。因为禁忌会限制人的思维，使思维的流畅性和灵活性大打折扣，创新的可能性就会降低，创新就会受到阻碍。

这里的环境指的是个体与个体、个体与群体、群体与群体之间各类人际关系所构成的人际环境。就我们的成长环境而言，同学、老师、朋友、家长、领导、亲戚、陌生人等，所有的人际关系都会对个人的思想、观念、行为、思维方式等带来影响。很多人从小接受的是"填鸭式"教育，经常被教导要"听话""服从"，不要质疑家长、老师的权威，要严格符合标准答案，"鹤立独行"的人通常不被欣赏，这种环境下很难养成创新的思维习惯，创新意识的养成更无从谈起。

4. 知识贫乏

知识在创新思维中的作用虽然不是万能的，但没有知识却万万不行。创新必须建立在一定的知识积淀的基础上，否则就是空想。知识越多，就越容易使人有能力产生许多想法，并把较多的想法互相比较，从而更容易进行创新。相反，知识越少，创新思维就越受限制，越难以充分发挥。

知识越广泛，我们所想、所用的元素也就越多，那是不是知识越广泛越好呢？可以在下面的案例中找到答案。

福尔摩斯的知识构成

在《福尔摩斯探案全集》的第一集里，华生医生给福尔摩斯列出的整个知识构成是：

哲学知识	没有
天文学知识	没有
政治学知识	浅薄
植物学知识	不全面

除此之外，他对银镖之技和鸦片知之甚详；对毒剂有一般的了解；对园艺学一无所知；掌握有限的地质学知识，偏于实用，能一眼分辨出不同的土质，如散步回来后，能根据溅在裤子上的泥点的颜色和坚实程度来判断是在伦敦哪个地方溅上的；化学知识精深；惊险文学知识很广博，似乎对近一世纪中发生的一切恐怖事件都深知底细；提琴拉得很好；擅使棍棒也精于刀剑拳术；关于英国法律方面他具有充分的实用知识。

（资料来源：https://wenku.baidu.com/view/fa011aa3c1c708a1284a44de.html）

这就是名探福尔摩斯的知识构成。作为一个侦探，这些知识对他来说足够了。因为这些知识正是他所从事的职业需要的，所以他能够成为举世闻名的神探。如果福尔摩斯选择从政，按照他的知识构成，这个世界上肯定不会出现一个独一无二的政治家福尔摩斯。所以知识不是越广泛越好，而是要有针对性。

另外，也要反对没有批判性的学习，年轻人容易出现这样的问题。现在科学发展飞速，是一个知识爆炸的时代，甚至还有很多伪科学存在，所以如果没有批判地进行学习，就不能明辨是非，更不会形成自己的主见，学来的东西就是一盘散沙，甚至可能一无是处。

知识只是新创意的材料，仅靠知识本身不会使一个人具有创造力。我们都见过知识渊博但毫无创造力的人，因为他们不知道活学活用，他们的知识只是一堆死知识。创造力的关键在于如何活用知识和经验来寻找新点子、新创意，这是培养创造性思考方式时对知识所需要采取的态度。

四、学有所得 延伸拓展：课后作业

　　有一位禅师请一位弟子到他房中饮茶。他们先寒暄了一会儿，就开始用茶。这位禅师替弟子倒茶，茶杯已满了，禅师仍继续倒。终于茶水满溢出来，并且把地上溅湿了。最后，弟子忍不住道："师父，不能再倒了，茶水已溢出，杯子装不下了。"禅师应道："你的观察力不错！你也是一样，如果你要接受我的任何教诲，首先必须把心智的杯子空出来。"

　　（资料来源：https://wenku.baidu.com/view/ec963b19abea998fcc22bcd126fff705cc175cd4.html）

　　结合上述案例及本课所学，思考以下问题：

　　（1）要想做一个有创新思维的人应该具备什么样的心态？

　　（2）回忆自己曾经失败的一件事情，分析失败原因中哪些是由思维障碍导致的？今后应如何避免？

第二节 SECTION TWO

定势思维

一、心有灵犀 一点就通：启动思维

【活动】请尝试用四条直线将图 2-3 中 9 个圆点连接起来。

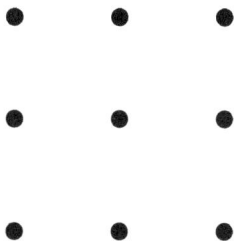

图 2-3　直线连点图

【活动】图 2-4 中有 5 个图形，请挑出一个与众不同的。

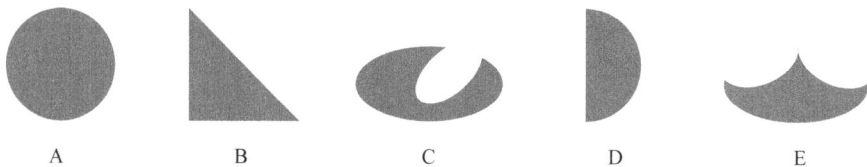

图 2-4　找不同

二、跃跃欲试 脑力激荡：引导案例

（一）看彩虹的螃蟹——不懂变化视角

有一只螃蟹住在小河边，没事的时候老喜欢在洞门口看天。最近几天经常下雨，每天雨后，螃蟹出来的时候总能看见天边有一道彩虹，第一次看到彩虹的时候，螃蟹非常惊奇，它觉得太美丽了；第二次看到彩虹的时候，螃蟹很想拥有一道彩虹。渐渐地看多了，螃蟹就认为是它对彩虹的喜欢感动了上天，所以，彩虹每天都出来陪它。

螃蟹把自己得意的想法告诉了小虾，小虾可不太相信螃蟹的说法，因为小虾从来没见过彩虹。螃蟹见小虾不相信，就叫小虾一起去看彩虹，为了表示自己的说法正确，螃蟹还特别请了鱼儿作证，最后螃蟹决定找个天气好的日子和小虾一起去见证彩虹。这天风和日丽，螃蟹带着鱼儿和小虾一起在洞口等待彩虹的出现，可眼看太阳都要落山了，彩虹却一直未露脸，焦急的小虾有些等不及了，螃蟹安慰道："我以前天天看到，你放心吧，一定会出现的，今天可能时间还没到！"可直到最后，彩虹也没有出现，大家只好失望而归。

（资料来源：http://www.doc88.com/p-084411848956.html）

问题：螃蟹为何这次没有看见彩虹？你是否有过类似经历？

（二）有笼必有鸟——心理图式

一位心理学家曾和乔打赌说："如果给你一个鸟笼并挂在你房中，那么你就一定会买一只鸟。"乔同意打赌。心理学家买了一只非常漂亮的瑞士鸟笼给他，乔把鸟笼挂在起居室桌子边。结果大家可想而知，当人们走进来时就问："乔，你的鸟什么时候死了？"乔立刻回答："我从未养过一只鸟。""那么，你要一只鸟笼干吗？"乔无法解释。

后来，只要有人来到乔的房子，就会问同样的问题。乔的心情因此被搞得很烦躁，为了不再让人询问，乔干脆买了一只鸟装进了空鸟笼里。心理学家后来说，去买一只鸟比解释为什么他有一只鸟笼要简便得多。

（资料来源：http://www.phsky.net/item-detail.aspx?newsid=60641）

问题：结合上面的故事，想一下在处理问题时你是否曾被自己或别人认为的"应该""一定要""必须"这些词汇束缚过呢？谈谈你的感受与经验。

三、寻根问源 超越自我：知识链接

（一）什么是定势思维？

定势思维，是指人们由过去的知识、习惯等形成认知的固定倾向，即形成比较稳定的、定型化了的思想路线、方式、程序和模式，从而影响后来的分析、判断，形成一种思维定势。

定势思维对思维活动的影响是明显的。由于已有的知识、经验和习惯的束缚，人们在处理一些"似是而非"的问题时往往囿于旧有框架，一旦你摆脱了它，你的思维就能闪烁出创造性的火花。

（二）定势思维的分类

1. 惯性思维

所谓惯性思维，就是思维沿前一思考路径以线性方式继续延伸，并暂时地封闭了其他的思考方向。惯性思维在我们的生活中无处不在、无所不有，它是一种非常强大的保守力量，在我们思考问题时具有非常强的顽固性，是一种无意识的反映，我们应该了解它、正视它。

贝弗里奇在其《科学研究的艺术》一书中解释了惯性思维："我们的思想多次采取特定的一种思路，下一次采取同样的思路的可能性就越大。在一连串的思想中，一个个观念之间形成了联系，这种联系每利用一次，就变得越加牢固，直到最后，这种联系紧紧地建立起来，以致它们的连接很难被破坏。这样，正像形成条件反射一样，思考受到了条件的限制。即使我们具备足够的客观条件来解决问题，然而，一旦采用了一种不利的思路，问题考虑得越多，采取有利思路的可能性就越小。"这便是惯性思维者的思考逻辑。

【案例】阿西莫夫的智商

阿西莫夫是美籍俄国人，世界著名的科普作家。他曾经讲过这样一个关于自己的故事。阿西莫夫从小就很聪明，年轻时多次参加"智商测试"，得分总在160分左右，属于"天赋极高"之人。有一次，他遇到了一位汽车修理工，是他的老熟人。修理工对阿西莫夫说："嗨，博士，我来考考你的智力，出一道思考题，看你能不能正确回答。"阿西莫夫点头同意。修理工便开始出题："有一位聋哑人，想买几枚钉子，就来到五金商店，对售货员做了这样一个手势：左手食指立在柜台上，右手握拳做出敲击的样子。售货员见状，先给他拿来一把锤子，聋哑人摇摇头。于是售货员明白了，他想买的是钉子。""聋哑人买好了钉子，刚走出商店，接着进来一位盲人。这位盲人想要一把剪刀，请问，盲人将会怎么做？"阿西莫夫顺口答道："盲人肯定会这样——"他伸出食指和中指，做出剪刀的形状。听了阿西莫夫的回答，汽车修理工开心地笑起来："哈哈，答错了吧！盲人想买剪刀，只需要开口说'我买剪刀'就行了，他干吗要做手势啊？"

（资料来源：http://www.795.com.cn/dz/dzxt/907.html）

【案例】失去的金子

一个穷人在一本书里发现了寻找"点金石"的秘密，点金石是一块小小的石子，它能将任何一种普通的金属点化成纯金。点金石就在黑海的海滩上，和成千上万的与它看起来一模一样的小石子混在一起，但秘密就在这儿，真正的点金石摸上去很温暖，而普通的石子摸上去是冰凉的。

所以，当他摸着石子是冰凉的时候，他就将它们扔到大海里。他这样干了一整天，却没有捡到一块点金石，然后他又这样干了一星期、一个月、一年、三年，他一直没有找到点金石。他还是继续这样干下去，捡到一块石子，摸一摸是凉的，就将它扔到海里，再捡起一颗，还是凉的，再把它扔到海里，又一颗……

有一天上午，他捡起了一块石子，这块石子是温暖的——但他随手就把它扔进了海里。他已经形成了一种习惯，把他捡到的所有石子都扔进海里。他已经习惯于做出扔石子的动作，以至于当他真正捡到想要的那一颗时，他还是将其扔进了海里……

（资料来源：http://www.360doc.com/content/16/0627/16/34649989_571164740.shtml）

2. 线性思维

线性思维是一种直线的、单一的思维方式，一切思考都基于初始条件，例如 $A=B$，$B=C$，则 $A=C$，不懂得变通，这种思维方式在解决简单问题的时候很奏效，但是在解决复杂问题的过程中就会容易犯错误。线性思维模式有以下两个基本特点。

一是把多元问题变为一元问题。客观对象所包含的问题往往是多元的，线性思维模式要求把其中一个问题突出，把其余问题撇开，或者把复杂问题归结为一个简单问题，然后予以处理。

二是用一维直线思维来处理一元问题，使之成为具有非此即彼答案的问题，并排除两个可能答案中的一个。有时这种方法会奏效，但也经常会掩盖事物的真相，或只能得到片面的认知。

【案例】引火烧身

一个漆黑的夜晚，司机老王开着一辆"除了喇叭不响什么都响"的北京吉普外出，车行半路抛了锚，他初步判断是油耗尽了，便下车检查油箱。他没带手电筒，就顺手掏出打火机照明，随着"轰"的一声巨响，他就什么也不知道了……等他醒来时正躺在医院的病床上，是一位路过的好心司机把他救了，车报废了，脸毁了容，万幸的是命总算捡了回来。老王说："当时只是想借打火机的光，看清油箱里究竟还剩多少油，根本想不到打火机的火，会引爆油箱。"

（资料来源：http://www.wendangku.net/doc/86a4e406eff9aef8941e0696.html）

【案例】那他走私的是什么？

一位卡车司机开着一辆空卡车经过海关。海关关员例行检查，没有发现任何走私物品，就放他过关了。第二天，那位卡车司机照样开着一辆卡车，又要过关。这位海关关员还是例行检查，仍然没有发现走私物品，照例放他过关。这样几次以后，那位海关官员起了疑心，隐约感觉到那位卡车司机在走私什么。检查的次数多了，双方也就彼此熟悉了，那位海关关员用戏谑的口吻说："我知道你一定在走私什么东西，我一定会找到的。"那位卡车司机说："你都查过了，我是一个很诚实的人。"十多年后，那位已经离开海关的关员与那位卡车司机不期而遇，双方攀谈起来。海关关员问卡车司机到底在走私什么，卡车司机这才道出原委，原来他走私的就是卡车。那位海关关员总以为卡车是用来运载走私物品的，没有想到卡车本身就是走私物。

（资料来源：https://zhidao.baidu.com/question/1895765780582738700.html）

3. 从众思维（群体惯性）

【案例】猴子实验

有科学家曾做过一个实验：将4只猴子关在一个密闭的房间里，每天喂很少食物，让猴子饿得吱吱叫。数天后，实验者在房间上面的小洞放下一串香蕉时，一只饿得头昏眼花的大猴子一个箭步冲向前，可是当它还没拿到香蕉时，就被预设机关所泼出的热水烫得全身是伤，当后面三只猴子依次爬上去拿香蕉时，一样被热水烫伤。于是猴子们只好望"蕉"兴叹。

又过了几天，实验者换进一只新猴子进入房内，当新猴子肚子饿得也想尝试爬上去吃香蕉时，立刻被其他3只猴子制止，并告知有危险，千万不可尝试。实验者再换一只猴子进入，当这只猴子想吃香蕉时，有趣的事情发生了，这次不但剩下的两只老猴制止它，连没被烫过的半新猴子也极力阻止它。

实验继续，当所有的猴子都已换过之后，仍没有一只猴子敢去碰香蕉。上头的热水机关虽然取消了，而热水浇注的"组织惯性"束缚着进入笼子的每一只猴子，他们眼巴巴看着唾手可得的盘中美餐，但谁也不敢前去享用。

（资料来源：https://www.docin.com/p-1836005899.html）

这就是从众思维形成的过程，也叫群体惯性，就是抱着从众心理，不带头、不冒尖，一切都随大流的心理状态。在实际生活中，大多数人都有可能因为从众心理而盲目做事情，明明稍加独立思考就能做出正确的决策，偏偏跟着大家去走弯路，这就是从众型的思维障碍。

【案例】毛毛虫试验

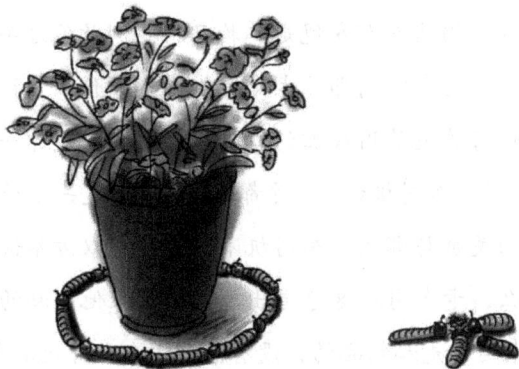

法国心理学家约翰·法伯曾经做过一个著名的实验，称之为"毛毛虫实验"：把许多毛毛虫放在一个花盆的边缘上，使其首尾相接，围成一圈，在花盆周围不远的地方，撒了一些毛毛虫喜欢吃的松叶。毛毛虫开始一个跟着一个，绕着花盆的边缘一圈一圈地走，一小时过去了，一天过去了，又一天过去了，这些毛毛虫还是夜以继日地绕着花盆的边缘在转圈，一连走了七天七夜，它们最终因为饥饿和精疲力竭而相继死去。

约翰·法伯在做这个实验前曾经设想：毛毛虫会很快厌倦这种毫无意义的绕圈而转向它们比较爱吃的食物，遗憾的是毛毛虫并没有这样做。导致这场悲剧的原因就在于毛毛虫的盲从。

（资料来源：https://baike.baidu.com/item/ 毛毛虫实验 /7457912）

现实生活中的从众思维现象比比皆是。

例如，你一向是个遵守交通规则的人，遇到红灯时肯定会停下来，过马路时肯定要走斑马线。但是很多次，当你过马路的时候，看到大家都不走斑马线，而且闯红灯的人越来越多，于是你也就跟着大家一起不遵守交通规则了。

又如，你到某商场购物，本来看好了某个物品，但在你刚打算购买的时候，却发现相邻的另一品牌商店前集聚的顾客更多。于是，你会情不自禁地怀疑起自己的选择。当听到顾客说另一品牌的物品更好时，你会不由自主地改变当初的主意，跟大家一起涌向另一品牌商店，而放弃你开始的选择。很多网红电商正是利用人们的从众消费心理，雇用"托儿"刷销量来吸引消费者，炒作自己的商品从而达到营利的目的。

4. 权威定势

权威定势指人们对权威人士言行的一种不自觉的认同和盲从。权威定势的形成主要有两种途径：一是儿童在走向成年的过程中所接受的"教育权威"；二是由于社会分工的不同和专业技能的差异所导致的"专业权威"。权威可能来自具体的人，也可能来自书本、理论等。

如果一切都按权威的意见办事，不敢怀疑权威的理论和观点，是创新思维的极大障碍。对待权威，应当学习他们的长处，以他们的理论和学说作为基础和起点，但不可一味模仿。

【案例】世界著名指挥家日本的小泽征尔敢于挑战权威

小泽征尔是世界著名的音乐指挥家。一次他去欧洲参加指挥家大赛，在进行前三名决赛时，他被安排在最后一个参赛，评判委员会交给他一张乐谱。小泽征尔以世界一流指挥家的风度，全神贯注地挥动着他的指挥棒，指挥一支世界一流的乐队，演奏具有国际水平的乐章。正演奏中，小泽征尔突然发现乐曲中出现不和谐的地方。开始，他以为是演奏家们演奏错了，就指挥乐队停下来重奏一次，但仍觉得不自然。这时，在场的作曲家和评判委员会权威人士都郑重声明乐谱没问题，而是小泽征尔的错觉。他被大家弄得十分难堪。在这庄严的音乐厅内，面对几百名国际音乐大师和权威人士，他不免对自己的判断产生了动摇，但是，他考虑再三，坚信自己的判断是正确的，于是，大吼一声："不！一定是乐谱错了！"他的喊声一落，评判台上那些高傲的评委们立即站立向他报以热烈的掌声，祝贺他大赛夺魁。

（资料来源：https://wenku.baidu.com/view/4ffdd168bdd126fff705cc1755270722192e5
9ed.html）

书本可以让我们从前辈那里获得知识和经验，可以将更多的知识和经验传递给下一代，可以在方寸之间向全世界古往今来的伟人和名人求教，可以从中体悟人生的真谛。不过，由于书本反映的是一般性的东西，表示的是大众化和理想化的状态，与客观现实之间往往存在着较大的差异。《孟子·尽心下》中指出"尽信书，则不如无书"，这才是正确的读书法，要求学习者要善于独立思考问题。读书的目的在于反思，在于应用，在于创新。

【案例】马谡失街亭的故事

刘备死后，诸葛亮北伐。司马懿军逼祁山，诸葛亮不知派谁去守，马谡欣然愿往，可诸葛亮怕他没有作战经验，不让他去，马谡苦苦相求，诸葛亮拨给他两万军马，任他调度，派王平为副将。马谡想在高山上扎营，可王平却认为应该在平地上扎营，马谡不听，给了王平五千人马，自领大军往山上驻扎。司马懿原以为街亭难攻，一听马谡在山上扎营，大喜，便派人围住此山，截断水粮，山上士兵一冲下来，就用弓箭挡回。士兵们不耐饥渴，打了一阵子都下山投降，马谡惨败，只有王平还坚持了一阵子。

（资料来源：https://zhidao.baidu.com/question/13560422.html）

5. 惰性思维

惰性思维是指人类思维深处存在的一种保守的力量，人们总是习惯用老眼光来看新问题，用曾经被反复证明有效的旧概念去解释变化世界的新现象。不去尝试，不敢冒险，因循守旧，大好的时机和自身无限的潜能可能被白白地葬送。

你能猜出下面这3组数字间有何种关系吗？（提示：每一组数字都有一个相同的条件）

（1、3、7、8）

（2、4、6）

（5、9）

是不是看到数字就会自然想到要用数学逻辑的解题方法？尝试过多次后发现很难找到这个相同条件，换个思维方向发现原来1、3、7、8都是一声；2、4、6都是四声；5、9都是三声。我们的思维是不是很多时候都被僵化了呢？

又如，在魔术表演中，不是魔术师有什么特别高明之处，而是我们想不通所以觉得新奇。比如，人从扎紧的袋里奇迹般地出来了，我们总习惯于想他怎么能从布袋扎紧的上端出来，而不会去想想布袋下面可以做文章，下面可以装拉链。

【案例】被烧死的大象

一家马戏团突然失火，致使一头大象被烧死了。那头大象原本是用一条细绳拴在一根小木棍上的，以大象的力量，它完全可以轻而易举地逃脱。但为什么大象没有逃脱呢？原来，那头大象从小就被马戏团用铁链锁住脚并绑在一棵大树上，以避免其逃脱。每当大象企图逃离时，它的脚就会被铁链磨出血来，疼得厉害。久而久之，在它的脑海中就形成了无法逃脱的印象。当它长大以后，尽管只是用一条细绳拴在一根小木棍上，大象也不会有半点逃脱的想法了。

（资料来源：http://www.795.com.cn/wz/40840.html）

四、体验创造 放飞心灵：创新实践

【案例】斯隆与福特的思维博弈

在变幻莫测、充满竞争的市场经济中，企业家的思维定势带来的经营后果，有时却是异常惨重的。1913年，美国著名企业家亨利·福特受屠宰流水作业的启发，设计了汽车装配流水线，大批量生产统一规格的黑色"T"型车。这一在福特脑中酝酿了整整10年的新想法，诞生了管理史上著名的"福特制"。

它开创了一个新的工业生产技术时代，也使福特成为一度占有世界汽车市场68%份额的"汽车大王"。但是，福特在陶醉于他创新思维所取得的巨大成就的同时，也在大脑中埋下了"思维定势"的种子，居然公开宣称，福特公司从此以后只生产黑色的T型车。

当美国汽车市场渐趋饱和，早期购车人需要更换车辆，对汽车的档次、性能、外观有了更高要求时，福特的"思维定势"使他大吃苦头。

美国另一著名企业家、通用汽车公司总裁斯隆看到福特产品单一、款式陈旧这一致命弱点，设计制造出不同价格档次的汽车，并且首创了"分期付款、旧车折旧、年年换代、密封车身"的汽车生产四原则，一举击败福特，登上了世界第一汽车制造企业的宝座。斯隆的思维创新击败了福特由思维创新退化而成的思维定势。

（资料来源：http://www.jiyifa.cn/siwei/415681.html）

结合上述案例，阅读下面材料，完成相关思考：

全国人大代表、奇瑞汽车股份有限公司董事长尹同跃说："过去五年，我们亲身体会到创新驱动发展战略深入实施，产业升级步伐明显加快，发展质量得到了极大的提高。"目前，中国汽车产业正在进行深度变革，新能源、智能网联和人工智能技术已经成功颠覆了传统汽车行业的思维。

请你站在消费者的角度，突破常规定势思维的束缚，提出你对未来汽车的要求和设想。

你会为奇瑞汽车股份有限公司董事长提出什么样的发展建议？

五、学有所得 延伸拓展：课后作业

（一）案例分析

柯达的衰败可以说是时代变迁的一个缩影，也可以说是一家企业战略失败的经典案例。当摄影拍照技术从"胶卷时代"大踏步进入"数字时代"之际，柯达舍不得放弃传统胶片领域的领导地位，面对新技术的出现和应用，反应迟钝。其实，并不是柯达不具备数字影像方面的技术和能力，相反柯达早在 1976 年就开发出了数字相机技术，并将数字影像技术用于航天领域，其在 1991 年就有了 130 万像素的数字相机。但是，倚重传统影像业务的柯达高层不仅没有重视数字技术，反而把关注的重点不恰当地放在了防止胶卷销量受到不利影响上，导致该公司未能大力发展数字业务。结果就是舍不得"自杀"，只能"他杀"。2002 年柯达的产品数字化率只有 25% 左右，而竞争对手富士胶片已达到了 60%。随着胶卷的失宠以及智能手机的出现，柯达最终走向了末路，于 2012 年申请破产。

（资料来源：https://www.docin.com/p-1955855705.html）

思考并回答以下问题：

（1）用本课所学分析以上案例，是什么样的定势思维让柯达走向了末路？

（2）如果你是柯达的高层管理者，站在 2002 年的历史拐点处，你会怎么做？

（二）开动脑筋，突破定势思维寻找答案

（1）一位公安局长在茶馆里与一位老头下棋。正下到难分难解之时，跑来了一个小孩，小孩着急地对公安局长说："你爸爸和我爸爸吵起来了。"老头问："这孩子

是你的什么人？"公安局长答道："是我的儿子。"请问：这两个吵架的人与公安局长是什么关系？

（2）已将一枚硬币任意抛掷了9次，掉下后都是正面朝上。现在你再试一次，假定不受任何外来因素的影响，那么硬币正面朝上的可能性是几分之几？

（3）有人不拔开瓶塞，就可以喝到酒，你能做到吗？注意：不能将瓶子弄破，也不能在瓶塞上钻孔。

（4）抽屉里有黑白尼龙袜子各7只，假如你在黑暗中取袜，至少要拿出几只才能保证取到一双颜色相同的袜子？

（资料来源：https://wenku.baidu.com/view/5d0aa2e7524de518964b7dd3.html）

偏见思维

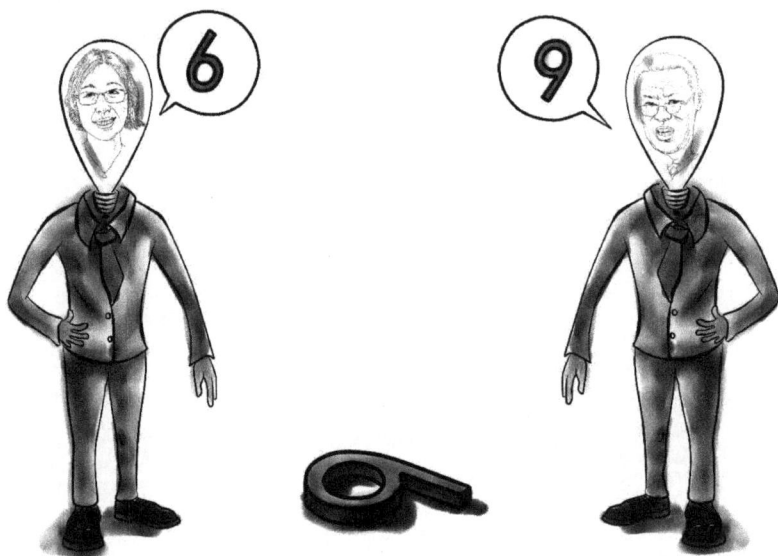

一、跃跃欲试 脑力激荡：引导案例

　　美国人布曼和巴克先生同在一家广告公司工作，负责调查业务。由于不愿长期寄人篱下，他们俩商量自己做老板，开一家饮食店，专营汉堡包。当时出售汉堡包的商店鳞次栉比，竞争激烈，如何才能在竞争中立于不败之地呢？他们开始做市场调查，结果发现，大多饮食店为争取顾客，均争相出售大型汉堡包。而美国人近年流行减肥和健美，一些怕肥胖的人不敢多吃，常常将吃剩的汉堡包扔掉，造成极大的浪费。一些店想通过制作多种口味的面包来争取顾客，效果也不理想。

于是，布曼和巴克决定改变汉堡包的规格来赢得顾客，结果他们一举成功。原来他们生产的汉堡包，体积仅有其他大汉堡包的1/6，称之为迷你型汉堡包。这种汉堡包适应了人们少吃减肥的需要，一时成为热销食品，使他们二人获得丰厚的利润，5年后，饮食店已扩展为饮食公司，有10家分店。

（资料来源：https://baijiahao.baidu.com/s?id=1609733696234421619&wfr=spider&for=pc）

问题：你觉得布曼和巴克先生是如何在激烈的市场竞争中走上成功之路的？

二、寻根问源 超越自我：知识链接

（一）什么是偏见思维？

偏见思维是思维受主观条件的影响带有个人主观色彩的经验、地位、感情、文化的印记，对事物的判断有先入为主的偏见。

偏见思维常存于大多数人的头脑中，其实，它是一种较为常见的思维枷锁，它以一种固有的形式约束着思想的创新性发展。当你观察事物时，不一定能够看清事物的真相，因为你会受到心理因素的干扰。无论你多么聪明、有智慧，但你还是难以摆脱心理因素的干扰。这种干扰会蒙蔽你的双眼，使你所看到的、所感知到的，偏离了事实。

（二）偏见思维的分类

1. 经验偏见

过去积累的经验有时会导致我们思维上形成偏见，所以有一句话说："过去的经验既是我们的财富，其实某种程度上又是我们的包袱。"我们都有这样的经验：水浇在衣服上，衣服会湿。但是如果有人演示水浇在了衣服上而衣服不湿，水一抖就抖掉了，这件衣服又是全毛的。你就会惊讶为什么他敢把水倒上去？原来，这衣料的纤维经过了特富龙（杜邦的一种材料，既厌油又厌水，涂在锅底做饭时饭不会粘锅）处理，所以不沾水也不沾油。这就是一个新的改变。如果我们完全依赖过去的经验，就会判断失误。尤其在当今社会，世界变化非常快，科学进步也非常快，以前有很多不可能的事情变得可能，我们不能完全依照过去的经验来判断未来。

【案例】丢失草帽的孙子

从前，有个卖草帽的人，每天，他都很努力地卖着帽子。有一天，他叫卖得十分疲累，刚好路边有一棵大树，他就把帽子放着，坐在树下打起盹来，等他醒来时，发现身旁的帽子都不见了，抬头一看，树上有很多猴子，而每只猴子的头上都有一顶草帽。他十分惊慌，因为，如果帽子不见了，他将无法养家糊口。突然，他想到猴子喜欢模仿人的动作，他就试着举起左手，果然猴子也跟着他举左手；他拍拍手，猴子也跟着拍拍手。他想机会来了，于是他赶紧把头上的帽子拿下来，丢在地上。猴子也学着他，将帽子纷纷扔在地上。

卖帽子的高高兴兴地捡起帽子，回家去了。回家之后，他将这件奇特的事，告诉他的儿子和孙子。很多很多年后，他的孙子继承了家业。有一天，在他卖草帽的途中，也跟爷爷一样，在大树下睡着了，而帽子也同样地被猴子拿走了。孙子想到爷爷曾经告诉他的方法。于是，他举起左手，猴子也跟着举起左手；他拍拍手，猴子也跟着拍拍手，果然，爷爷说的话真管用。

最后，他摘下帽子丢在地上。可是，奇怪了，猴子竟然没有跟着他做，还直瞪着眼看他。不久之后，猴王出现了，把孙子丢在地上的帽子捡起来，还很用力地对着孙子的后脑勺打了一巴掌，说："开什么玩笑！你以为只有你有爷爷吗？"

孙子为何不能像爷爷当年那样拿回被猴子拿走的帽子？原因是他机械地套用了经验，受到了经验偏见思维的影响，未能对经验进行改造和创新。又如，作家贾平凹曾津津乐道的某个农民的最高理想："我当了国王，全村的粪一个不给拾，全是我的。"

每一个最大胆的幻想都打上了个人经验的偏见，这似乎就是人们说的"乡村维纳斯效应"。德波诺在《实用思维》一书中饶有兴趣地描述了一种常见的社会现象："在偏僻的乡村，村里最漂亮的姑娘会被村民当作世界上最美的人，在看到更漂亮的姑娘之前，村里的人难以想象出还有比她更美的人。"在村里，它是真理，但在全世界，它就是偏见。

（资料来源：http://m.win8f.com/shgw/6426.html）

2. 利益偏见

利益偏见是指对公正所产生的一种无意识的微妙偏离，其主要特征一是无意识性，二是微妙的偏离。但是如果因存在利害关系而有意识地做出明显不公的判断，即与公正产生明显的偏差，则不属于利益偏见，而被看作有意识地争取权益、规避风险。比较普遍的利益偏见是所谓的"鸡眼思维"，也就是马克思所说的："愚蠢庸俗、斤斤计较、贪图私利的人总是看到自以为吃亏的事情。譬如，一个毫无修养的粗人常常只是因为一个过路人踩了他的鸡眼，就把这个人看作世界上最可恶和最卑鄙的坏蛋。他把自己的鸡眼当作评价人们行为的标准。"

然而推而广之，普通人难道没有偏见吗？一些普通人的话语表述背后难道就没有值得思考的地方吗？事实上，大多数的恋人都认为自己找到了世上最好的人，大多数孩子也都会得出自己的父母是世界上最好的父母的结论。所谓"王婆卖瓜自卖自夸"，其实就是一种典型的利益偏见思维模式。

3. 文化偏见

我们所有的人都受到自己所在地域、国家、民族长期积淀的文化的影响，看待问题的角度不可避免地打上文化、宗教、习俗的烙印。例如，东西方文化差异、宗教文化差异、民族文化差异、地域文化差异、文化层次的差异等。

著名华裔人类学家许烺光（曾任美国人类协会主席）在《美国人与中国人》一书中十分严肃地举了一个例子："在一部中国电影中，一对青年夫妇发生了争吵，妻子提着衣箱怒冲冲地跑出公寓。这时，镜头中出现了住在楼下的婆婆，她出来安慰儿子：'你不会孤独的，孩子，有我在这儿呢。'看到这儿，美国观众爆发出一阵哄笑，中国观众却很少会因此发笑。"这两种截然不同的反应所透出的文化差异是明显的，在美国人的观念中，婚姻是两个人的私事，其间的两性关系是任何别的感情无法替代的。而中国观众却能恰当地理解母亲所说的含义。正如一些美国留学生在读了《红楼梦》后，总是不解地问中国教授："为什么宝玉和黛玉不偷些金银财宝然后私奔呢？"他们没有理解到其中的文化差异。

4. 刻板印象

刻板印象指的是人们对某一类人或事物产生的一种先入为主、比较固定、概括而笼统的看法，经常产生以偏概全、固执己见等现象，干扰正常思维。刻板印象包括首映效应、地域刻板印象、职业刻板印象等。

我们经常听人说"长沙妹子不可交，面如桃花心似刀"，东北姑娘"宁可饿着，也要靓着"，一提到重庆女孩就会想到"泼辣"等，这些实际上都是刻板印象。

刻板印象的形成，主要是由于我们在人际交往过程中，没有时间和精力去和某个群体中的每一成员都进行深入的交往，而只能与其中的一部分成员交往，因此，我们只能"由部分推知全部"，由我们所接触到的部分，去推知这个群体的"全体"。刻板印象固然有省时省力的好处，但不少情况下会出现片面或错误的判断。

美国社会心理学家洛钦斯（A. S. Lochins）于1957年以实验证明了首映效应的存在。他用两段杜撰的故事做实验材料，描写的是一个叫詹姆的学生的生活片断。一段故事中把詹姆描写成一个热情并且外向的人，另一段故事则把他写成一个冷淡而内向的人。两段故事分别如下。

詹姆走出家门去买文具，他和他的两个朋友一起走在充满阳光的马路上，他们一

边走一边晒太阳。詹姆走进一家文具店，店里挤满了人，他一边等待着店员对他的注意，一边和一个熟人聊天。他买好文具在向外走的途中遇到了熟人，就停下来和朋友打招呼，后来告别了朋友就走向学校。在路上他又遇到了一个前天晚上刚认识的女孩子，他们说了几句话后就分手告别了。

放学后，詹姆独自离开教室走出了校门，他走在回家的路上，路上阳光非常耀眼，詹姆走在马路阴凉的一边，他看见路上迎面而来的是前天晚上遇到过的那个漂亮的女孩。詹姆穿过马路进了一家饮食店，店里挤满了学生，他注意到那儿有几张熟悉的面孔，詹姆安静地等待着，直到引起柜台服务员注意之后才买了饮料，他坐在一张靠墙边的椅子上喝着饮料，喝完之后他就回家去了。

（资料来源：https://baike.baidu.com/item/ 首因效应 /2167791?fr=aladdin）

洛钦斯把这两段故事进行了排列组合：

一种是将描述詹姆性格热情外向的材料放在前面，描写他性格内向的材料放在后面；一种是将描述詹姆性格冷淡内向的材料放在前面，描写他性格外向的材料放在后面；一种是只出示那段描写热情外向的詹姆的故事；一种是只出示那段描写冷淡内向的詹姆的故事。

洛钦斯将不同组合的材料，分别让水平相当的中学生阅读，并让他们对詹姆的性格进行评价。结果表明，第一组被试中有 78% 的人认为詹姆是个比较热情而外向的人；第二组被试只有 18% 的人认为詹姆是个外向的人；第三组被试中有 95% 的人认为詹姆是外向的人；第四组只有 3% 的人认为詹姆是外向的人。研究证明了第一印象对人们认知的巨大影响。

刻板印象是一种偏见，人们不仅对接触过的人会产生刻板印象，还会根据一些不是十分真实的间接资料对未接触过的人产生刻板印象，例如：老年人是保守的，年轻人是爱冲动的；北方人是豪爽的，南方人是善于经商的；英国人是保守的，美国人是热情的；农民是质朴的，商人是精明的，等等。

5.情感偏见

情感偏见是指思维带有感情色彩的，但无利益因素的、无意识的对公正的明显偏离。它是基于情感而产生的一种固执思维模式，包括亲情、恋情、乡情、同学情、同事情等。如"情人眼里出西施"就是一种典型的恋人关系中的情感偏见。

6. 位置偏见

位置偏见是指因所处的位置观察事物所得出的结果与真实情况之间的无意识的微妙的偏离。苏轼的《题西林壁》："横看成岭侧成峰，远近高低各不同。不识庐山真面目，只缘身在此山中。"这首诗描写庐山的风景因所处位置的不同而不同，如果以一个位置看到的景象对庐山的风景做出判断，就会形成位置偏见。这首诗告诉我们观察事物应该客观全面，要防止片面性，避免当局者迷的情况。图2-5盲人摸象、图2-6井底之蛙说的也是这个道理。

图 2-5　盲人摸象

图 2-6 井底之蛙

7.点状思维

点状思维是一种片面的思维方式，只看到了表面的点和面，而没有往深追究探求它的起源和本质，这种认识往往容易让人走入误区，不利于问题的有效解决。点状思维的特点是看问题容易以偏概全。例如在白纸上画一个黑点，如果问："你看到了什么？"答案有无穷多个：芝麻、苍蝇、图钉、太阳的黑子、污迹……但这些都是常规的联想，有的人思维可能就更发散一些，他可能会回答说：我看到了缺点，我看到了遗憾，我看到了损失……但是，为什么就没有想到其他的？为什么你的眼睛仅仅盯住那个黑点？而没有看到黑点旁边的那一大片白纸？

正是这个黑点束缚和禁锢了我们的思维，导致我们看不到其余更丰富、更美好的东西。生活中有些人因为一件事情没有办好，就垂头丧气——"我真没用，我真窝囊，我是天底下最愚蠢的人。"也有人会通过别人不经意的一句话或一件事就给某个人下定义——"他品质有问题。"其实，这些时候都是受到了点状思维的束缚，犯了以偏概全的错误。我们看待和思考问题时，应该时刻提醒自己关注周围广阔的存在，而不是只关注那个黑点。

三、体验创造 放飞心灵：创新实践

【案例】暖心的购物车

1. 带计算器的购物车

当你在商场购物时，经常会碰到促销活动，是买一送一划算，还是满100减50划算？是三瓶套装划算，还是单买划算？如果这时手边有个计算器，就会带给你很多便利。

2. 带放大镜的购物车

为了方便老年人看清包装上的小字（生产日期、价格、具体成分表之类），国外某超市的购物车上还配置了一个迷你放大镜。

3. 带 GPS 的购物车

超市太大，怕你迷路，给你的购物车装个 GPS 定位导航，这下再也不用问大米在哪里、毛巾在哪里、巧克力在哪里了。

（资料来源：http://www.sohu.com/a/235170440_675642）

任务：在以上案例中，购物车不单只是载物的工具，还同时具备了很多便利的附加功能。请你根据老年人的需求，为老年人设计一款多功能拐杖（要求具备 8 种以上功能）。

四、学有所得 延伸拓展：课后作业

美国的金门大桥采用"4+4"八车道模式，由于上下班车流在不同时段出现两个半边分布不均的现象，桥上经常发生堵车问题。一个年轻人建议把原来"4+4"车道模式按照上下班的车流量不同，改为"6+2"或"2+6"模式。整个桥面的车道仍是八车道，但堵车问题得到了很好的解决。这个金点子为当地政府节约了再造一座大桥的上亿资金。

（资料来源：https://zhidao.baidu.com/question/433147010281764804.html）

请根据以上案例的启发，思考以下问题：

　　近年来随着经济的快速发展，人民生活水平的不断提高，机动车特别是私家车大量增加，给城市交通带来了较大压力，行车难、停车难、交通不畅等问题越来越突出。根据你所在城市的具体情况，请你对如何改善城市交通问题提出你的设想与建议。

第四节 SECTION FOUR

如何突破创新思维的障碍

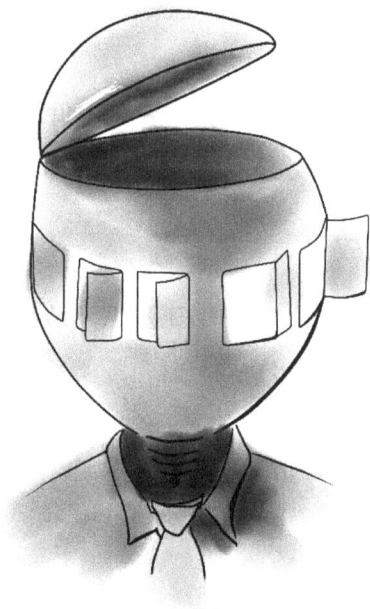

一、心有灵犀 一点就通：启动思维

【讨论活动】巧妙的指示牌

法国著名歌唱家玛迪梅普莱有一个美丽的私人林园，每到周末总会有人到她的林园摘花、拾蘑菇、野营、野餐，弄得林园一片狼藉，肮脏不堪，管家让人围上篱笆，竖上"私人园林禁止入内"的木牌，均无济于事。玛迪梅普莱得知后，想了一个简单的办法，从此再也没有人闯入她的林园。

请问她是怎么做到的？

二、跃跃欲试 脑力激荡：引导案例

（一）沉默的广告

美国纽约国际银行成立之初，为引人注目而策划了一则匠心独运的广告。开业当天晚间黄金时段，纽约州所有广播电台在同一时间发布了一则消息：听众朋友，从现在开始是由本市国际银行向您提供的沉默时间。紧接着所有电台沉默10秒钟。于是这段"沉默时间"成了全纽约市民茶余饭后最热门的话题。

（资料来源：http://xueshu.baidu.com/usercenter/paper/show?paperid=608aa60b5a7049 64dd69db7131cd577f&site=xueshu_se）

问题：这家银行广告以"无声胜有声"达到了出奇制胜的效果。回想一下你看到的什么广告也有这样出奇制胜的效果而令你印象深刻？它是如何突破常规思维的？

（二）信用卡诞生的故事

信用卡于1915年起源于美国。最早发行信用卡的机构并不是银行，而是一些百货商店、饮食业公司、娱乐业公司和汽油公司。

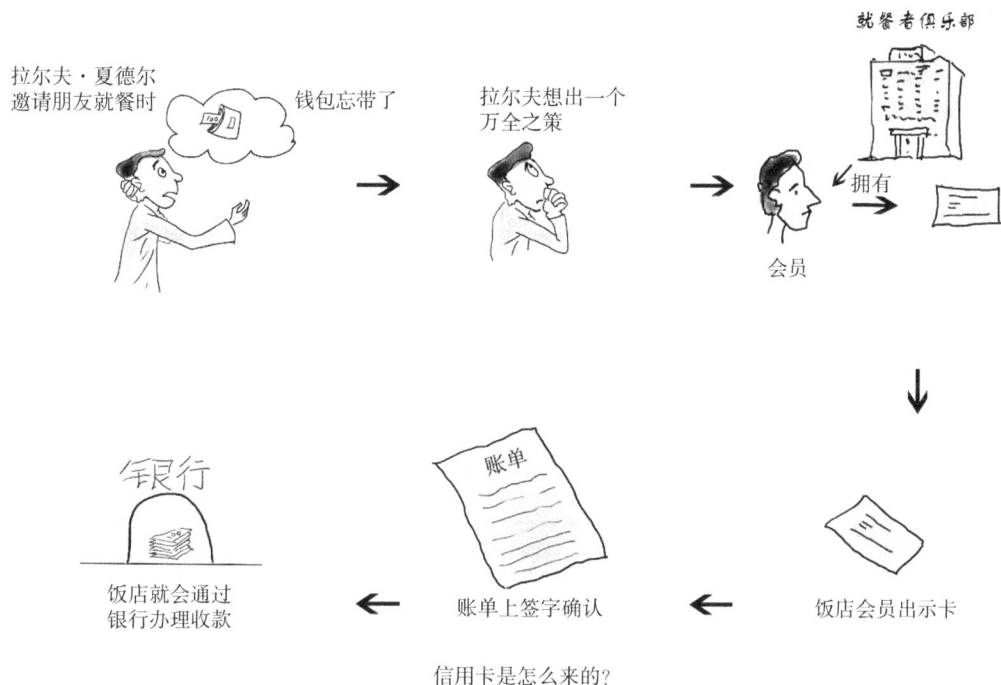

信用卡是怎么来的？

据说有一天，美国商人拉尔夫·夏德尔在纽约一家饭店招待客人用餐，就餐后发现他的钱包忘记带在身边，场面非常尴尬，不得不打电话叫妻子带现金来饭店结账。于是夏德尔产生了创建信用卡公司的想法。

1950 年，夏德尔与他的好友施奈德合作投资，在纽约创立了"大莱俱乐部"（Diners Club），即大莱信用卡公司的前身，而英语里，Diner 就有"用餐者"的意思，这也和夏德尔的初衷相符。大莱俱乐部为会员们提供一种能够证明身份和支付能力的卡片，会员凭卡片可以记账消费，这和当下信用卡"先消费，后还款"的理念一致。

1952 年，美国加利福尼亚州的富兰克林国民银行作为金融机构首先发行了银行信用卡。此后，许多银行加入了发卡银行的行列。到了 20 世纪 60 年代，银行信用卡很快受到社会各界的普遍欢迎，并得到迅速发展，信用卡不仅在美国，而且在日本、加拿大以及欧洲各国盛行起来。

（资料来源：http://www.sohu.com/a/155301994_729469）

问题：很多发明创造都是为了解决麻烦、创造便利而诞生的，想一下近年来生活领域出现了哪些新事物？他们都解决了什么麻烦？创造了什么便利？

三、寻根问源 超越自我：知识链接

怎样才能突破我们头脑中的思维障碍？有人说要有"初生牛犊不怕虎"的精神。初生的牛犊之所以不怕虎，是因为不知老虎为何物，在它脑中没有"老虎会吃人"的经验，因此见了老虎敢于本能地用牛角去顶。

科学史上有重大成就的人，很多都不是当时的名家，而是学问不多、经验不足的年轻人，因为他们的大脑拥有无限的想象力和创造力，什么都敢想，什么都敢做。下面这些人就是很好的例证：

爱因斯坦 26 岁提出狭义相对论；

贝尔 29 岁发明电话；

西门子 19 岁发明电镀术；

巴斯噶 16 岁写成关于圆锥曲线的名著。

思维障碍是我们进行创新的拦路虎，要想扫清拦路虎除了要有胆大的精神外，关键要学会转换思维视角。具体有以下几种方法。

（一）改变万事顺着想的思路

大多数人对问题的思考，都是按照常情、常理、常规去想的，或者按照事物发生的时间、空间顺序去想，这就是所谓的"万事顺着想"。顺着想可以使我们比较容易找到解决问题的切入点，提高效率，但我们知道客观事物是千变万化的，当顺着想不能解决问题时，就需要改变顺着想的思路。

1. 变顺着想为倒着想

思考和解决问题时，如果顺着想行不通，不妨试试倒着想，即逆向思维。逆向思维就是对自然现象、物理变化、化学变化等进行反向思考，如此往往能发现创新点。

【案例】强光照射下的进攻

"二战"后期，苏联军队向柏林发动总攻的前夜，苏联军队想趁着天黑发动突然袭击，可是这天夜晚星光灿烂，部队难以隐蔽。朱可夫元帅下令将所有的探照灯集中起来，用最强的光照射敌军的阵地。苏军在明晃晃的灯光下突然发动进攻，打得德军措手不及，苏军取得了胜利。

（资料来源：http://www.doc88.com/p-3018096479059.html）

【案例】萧伯纳的机智应答

萧伯纳（英国讽刺戏剧作家）很瘦，一次他参加一个宴会，一位"大腹便便"的资本家挖苦他："萧伯纳先生，一见到您，我就知道世界上正在闹饥荒！"萧伯纳不仅不生气，反而笑着说："哦，先生，我一见到你，就知道闹饥荒的原因了。"

（资料来源：https://wenku.baidu.com/view/ba8d05c1b14e852458fb5771.html）

2. 从对立面去想

世界上的任何事物都是对立统一的，改变这一方不行，那么改变另一方可能有助于问题的解决。

【案例】锅炉的改进

过去，工业用锅炉和生活用锅炉都是在锅炉里安装了许多水管，用给水管加热的方法，使水温升高，产生蒸汽，热效率不高。

日本科学家熊田长吉想到，冷和热是相对的，不能只考虑热的方面，也要考虑冷的方面。他在粗的热水管里又加了一根装冷水的细管，这样，热水上升，冷水下降，加快了锅炉中热水和蒸汽的循环，热效率提高了10%。

（资料来源：http://www.doc88.com/p-7734214748948.html）

3. 思考者改变自己的位置

思考者改变自己的位置，从另外角度看问题，进行换位思考或易位思考，会有意想不到的收获。

【案例】冰箱的改进

最初的冰箱冷冻室在上面，冷藏室在下面，这样做的目的，是将上面的冷空气引入下面的冷藏室内。

日本夏普公司的研究人员进行了换位思考，假设自己是用户，发现人们对冷藏室用得较多，应该将冷冻室放在下面，冷藏室放在上面较方便。在冰箱内安上排风扇和通风管，将下面的冷空气提升到上面的冷藏室。

（资料来源：https://www.docin.com/p-1804402213.html）

（二）转换问题，获得新视角

问题是多种多样的，但彼此之间有很多相通的地方，对于难以解决的问题，与其死死盯住不放，不如把问题转换一下。

1. 复杂问题简单化

聪明的人把复杂问题简单化，不聪明的人把简单的问题越搞越复杂。事实上，在解决复杂问题的时候能够化繁为简，就是一种思维视角的转换。

【案例】于振善测土地面积

很早以前，各国的数学家们一直在思考，如何计算出不规则地图的面积？我国的一位木匠，于振善，听到这样的问题后，他专心致志地研究起来。经过多次实验，终于找到了一种计算不规则图形面积的方法——"称法"。先精选一块密度均匀的木板，把各种不规则的地图剪贴在木板上；然后，分别把这些图锯下来，用秤称出每块图板的重量；最后根据比例尺算出1平方厘米的重量，用这样的方法，就不难求出每块图板所表示的实际面积了。也就是说，图板的总重量中含有多少个1平方厘米的重量，就表示有多少平方厘米，再扩大一定的倍数（这个倍数是指比例尺中的后项），就可以算出实际面积是多大了。

（资料来源：http://blog.sina.com.cn/s/blog_02406da10100bfyt.html）

2. 把生疏问题转化为熟悉的问题

对于从未接触过的生疏问题，可能一时无法下手，找不到切入点，但不要望而却步，试着把它转化成你熟悉的问题，可能会有新的视角，也许还会有意想不到的成果诞生。

【案例】钢筋混凝土的发明

钢筋混凝土的发明者，既不是工程师，也不是建筑材料专家，而是法国的一位园艺师，名叫约瑟夫·莫里哀。莫里哀经营一个很大的花园，由于他技术高超而且勤劳，一年四季，满园都是五颜六色的鲜花。游客慕名前往，纷至沓来，从赏花得到美的享受，莫里哀也因此感到快慰。但游客中免不了会有不守规矩的人。有时一天过后，漂漂亮亮的花园，被弄得一团糟，花坛也被踏碎了。尽管莫里哀挂了"请勿摘花""请勿踏花坛"等牌子，但根本不管用，观赏者为了一饱眼福，照踏不误。

但怎样才能使人们既踏上花坛又踩不碎它呢？为此莫里哀琢磨了好久，始终找不到一种有效方法。有一天，他在花园里劳动，将用瓦盆培育的木本花移栽到花坛中去，搬动的时候，不慎失手打破了花盆，发现花根四周的土没有散，而是包成一团，连松都未松。他感到奇怪，蹲下去仔细一看，原来花木发达的根系纵横交错，把松软的泥土牢牢地连在一起。他重新搬起来有意地又摔了一下，土仍然没有散。这件事令他一下子想到如果制作水泥花坛的时候，放些花根在中间不就难踏碎了吗？但他仔细一想又不对，花根与水泥一起用不大合适。经过一番思索，他想，将铁丝仿照花木的根系编成网状，然后和水泥、沙石一起浇铸，做成新的花坛，果然踏不碎。由此，莫里哀想到了盖房子，并将铁丝换成粗钢筋，这样浇灌出来的就是钢筋混凝土。

（资料来源：http://www.doc88.com/p-4455804159377.html）

3. 把不能办到的事情转化成可以办到的事情

世间有些事情是能够办到的，有些是难以办到的，有些根本就是不能办到的。但是不能办到的，就不能转换成能够办到的吗？

【案例】南水北调工程

自 1952 年 10 月 30 日毛泽东主席提出"南方水多，北方水少，如有可能，借点水来也是可以的"设想以来，在党中央、国务院的领导和关怀下，广大科技工作者做了大量的野外勘查和测量，在分析比较 50 多种方案的基础上，形成了南水北调东线、中线和西线调水的基本方案，并获得了一大批富有价值的成果。

（资料来源：http://finance.sina.com.cn/chanjing/cyxw/20140217/141918236455.shtml）

（三）把直接变为间接

在解决比较复杂、比较困难的问题时，直接解决往往遇到极大的阻力。这时，就需要扩展你的视角，或退一步来考虑，或采取迂回路线，或先来设置一个相对简单的问题作为铺垫，为最终实现原来的目标创造条件。

1. 先退后进

"先退后进"的策略在第二次国内革命战争时期得到了巧妙应用。"敌进我退，敌驻我扰，敌疲我打，敌退我追"的十六字方针，取得反围剿的伟大胜利。

2. 迂回前进

退一步也是为了前进，有时候为了前进，也可以转弯、兜圈子，我们常说"退一步海阔天空"就是这个道理。

【案例】妇人的愿望

一位缺衣少食、无依无靠的妇人无意中救了一个妖怪，妖怪为了报答她，提出可以满足她的三个心愿，但有一个条件：无论提出什么要求，她的仇人都将得到她所得到的东西的一倍。于是，妇人首先向妖怪提出了两个心愿：第一是要一笔钱，第二是要一栋房子。这样，她的仇人便得到了两倍于她的财产。在得到了维持生计的东西后，妇人又提出了第三个心愿……如果你是妇人，你会提出怎样的心愿来确保自己能继续好好生活，而不受妖怪干扰呢？

按常规思维，"心愿"是指"希望得到好处"。因此人们往往都从"什么好处只对这位妇人有利，而不利于她的仇人"的角度去考虑问题，结果难以找到合乎要求的答案。而这位妇人则换了一个角度，从"得到某种坏处"出发，最终达到了自己的目的，因为她的第三个心愿是"把我吓个半死"。

（资料来源：https://wenku.baidu.com/view/c576434e8e9951e79b892738.html）

3.先做铺垫，创造条件

在面对一个不易解决的问题的时候，有时要设定一个新的条件做铺垫，为解决问题创造条件。

【案例】老汉分牛

张村庄住着一位勤劳善良的张老爹，他临死前对三个儿子说："我们家没有什么财产，只有17头牛，你们三兄弟一定要按我的要求来分：老大分得1/2，老二分得1/3，老三分得1/9，但不得把牛杀死分肉。"张老爹说完就去世了。三个儿子很听父亲的话，可分遗产时怎么也不会分。

如果就17头牛来分，是很难分明白的。后来经高人指点，他们先向邻居借来一头牛，这样一共就有18头。这样大儿子分得1/2得到9头，二儿子分得1/3得到6头，三儿子分得1/9得到2头，剩下一头正好还给邻居。就这样，借助于一头邻居的牛就轻而易举地把头疼的问题解决了。

（资料来源：https://zhidao.baidu.com/question/183233080.html）

四、体验创造 放飞心灵：创新实践

【案例】圆珠笔漏油问题的解决

圆珠笔是1938年由匈牙利人拉奥丁·拜罗发明的，专利采用的是活塞式笔芯。因有油墨经常外漏的缺点，曾风行一时的"拜罗笔"在20世纪40年代几乎被消费者所抛弃。

后来很多人想解决圆珠笔油墨外露的这一问题，他们就分析圆珠笔漏油的原因，想靠增加圆珠的耐磨性来解决，如用耐磨性能好的宝石和不锈钢材料制造圆珠，但结果并不令人满意。

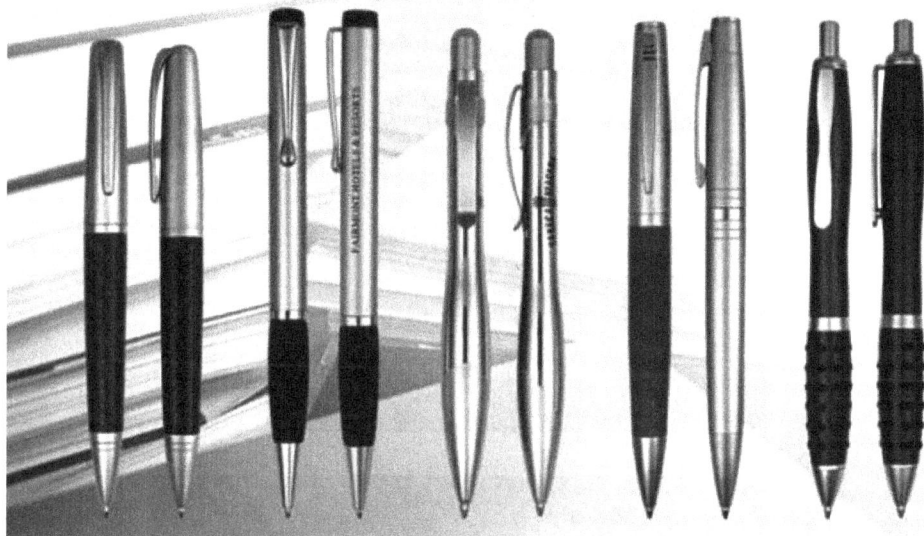

1950 年，日本发明家中田藤三郎转变了解决问题的思维方式，他想从控制油量方面寻找解决的办法。他发现圆珠笔一般写到 2 万个字就漏油，于是产生奇妙的构想，即控制圆珠笔的油量，使之写到 1.5 万字左右刚好写完，再换新的笔芯。

（资料来源：https://wenku.baidu.com/view/c1cba1de05a1b0717fd5360cba1aa8114431 8f19.html）

问题：

上面的案例给了你什么启示？

请根据以上启示完成以下任务：

在信息化技术飞速发展的今天，上网给人们带来很多便利和乐趣。我们可以通过网络查阅信息、沟通交流、休闲娱乐等。但盲人朋友上网就会遇到很大困难，针对"盲人上网"这个问题，请你分析主要困难，并提出解决方案。

五、学有所得 延伸拓展：课后作业

（一）阅读以下案例，然后说出 5 个你见过、听过或想到的"创意让生活更美好"的例子

示例：可翻转的长凳

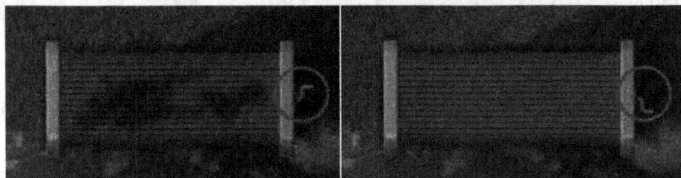

还记得露天的公园和街道里的座椅板凳吗？要是遇上下雨，雨后湿漉漉的完全没法坐。针对这种情况，一位韩国设计师设计了这样一个坐凳，看上去平平无奇，除了旁边多了一个小把手。正是因为有这个小把手，下雨后只需要转动一下它，座椅就会翻转，瞬间湿板凳变干燥，就又能愉快地坐了。

（资料来源：http://www.sohu.com/a/235170440_675642）

（二）请回答以下问题

1. 你最近一次脑中有新创意是什么时候？请做出选择。

　　□今天早上

　　□昨天

　　□上周

　　□上个月

　　□去年

2. 用所学过的知识分析一下那是个什么类型的创意？

3. 分享一下是什么激发了你的创意？

3 第三章

思维形式

第❶节 SECTION ONE

发散思维

发明家爱迪生曾说：不下决心培养思考习惯的人，便失去了生活中最大的乐趣。创新思维是一个多种思维形式、方法的综合应用过程，我们既要展开思维的翅膀、广开思路，又要统一认识、聚焦目标。学习和掌握发散思维的特点及规律，可以帮助我们突破禁锢，产生新的想法，同时也为收敛思维奠定了基础。

一、心有灵犀 一点就通：启动思维

【活动】牙签妙用

请同学们以小组为单位，列举牙签的用途。要求大家不要受成本、习惯、科学性等因素的限制，尽量想出牙签的多种用途，看哪个小组列举的最多。

二、跃跃欲试 脑力激荡：引导案例

1987 年，我国在广西南宁召开了我国"创造学会"第一次学术研讨会。这次会议集中了全国许多在科学、技术、艺术等方面众多的杰出人才。为扩大与会者的创造视野，也聘请了国外某些著名的专家、学者，其中有日本的村上幸雄先生。

会上村上幸雄为与会者讲学。他的演讲很新奇，很有魅力，也深受大家的欢迎。期间，村上幸雄先生拿出一把曲别针，请大家动动脑筋，打破框框，想想曲别针都有什么用途。场上一片哗然，七嘴八舌，议论纷纷。有的说可以别胸卡、挂日历、别文件，有的说可以挂窗帘、钉书本，大约说出了二十种。大家问村上幸雄："你能说出多少种？"村上幸雄轻轻地伸出三个指头。有人问："是三十种吗？"他摇摇头。"是三百种吗？"

他仍然摇头。最后，他说："是三千种。"大家都异常惊讶，心里想："这日本人果真聪明。"

然而就在此时，坐在台下的中国魔球理论创始人许国泰先生心里一阵紧缩。他想，我们中华民族在历史上就是以高智力著称的民族，我们的发散性思维决不会比日本人差。于是他给村上幸雄写了个纸条说："幸雄先生，对于曲别针的用途我可以说出三千种、三万种。"幸雄十分震惊，大家也都不完全相信。

许先生说："幸雄所说曲别针的用途我可以简单地用四个字加以概括，即钩、挂、别、联。但我认为远远不止这些。"接着他把曲别针分解为铁质、重量、长度、截面、弹性、韧性、硬度、颜色等十几个要素，用一条直线连成信息横轴；然后把要使用的曲别针的各种要素用直线连成信息竖轴；再把两条轴相交垂直延伸，形成一个信息反应场；将两条轴上的信息依次"相乘"，于是曲别针的用途就无穷无尽了。例如，可加硫酸制成氢气，可加工成弹簧，可做成外文字母，可做成数学符号进行四则运算等。许先生创造了奇迹，使与会者十分惊讶！

（资料来源：https://wenku.baidu.com）

讨论：

（1）结合案例和上述"牙签妙用"活动，分析我们为什么没有充分打开思路？

（2）我们如何实现对思维定势和思维习惯的突破？

三、寻根问源 超越自我：知识链接

（一）什么是发散思维？

发散思维又称辐射思维、放射思维、扩散思维或求异思维，是指大脑在思考时呈现的一种扩散状态的思维模式。它是通过对已知的信息进行多方向、多维度、多渠道的思考，从而悟出新事物、新问题、新知识、新结论等的思维方式。

求新、求异是发散思维的本质特征，多维发散是发散思维的基本形态。通过发散思维经常可以得到"一题多解""一事多写""一物多用""一因多果"等意想不到的效果。许多心理专家认为发散思维是创造性思维的主要特点，也是测定创造力的主要标志之一。

（二）发散思维有什么特点？

发散思维有其自身的一些特点，在思维训练的过程中要善于顺应和利用其本身的特点。

1. 流畅性

发散思维的根本目的是打开思路。流畅性就是思维观念的自由发挥，即在尽可能短的时间内生成并表达出尽可能多的观念以及较快地适应、消化新的思想。如引导案例中列举曲别针的用途，目的是让人们突破习惯和经验的框框和成本价值的限制，在最短的时间，追求尽量多的答案。流畅性是发散思维自身具有的特征，是自然的思维过程。发散思维不是胡乱联系，也不是不着边际的瞎想，而是基于事物自身规律的延伸和拓展。流畅是发散思维得以进行的前提和保证。

2. 变通性

变通性是指克服人们头脑中某种预设的、僵化的思维框架，按照不同的、新的方向来思索问题的过程。发散性思维既然是发散、求异的，那么这种"异"就没有什么范围的局限。

要想实现思维的发散，就必须改变传统、刻板的思维方式，通过纵横类比、跨域转化、触类旁通等方式，使发散思维沿着不同的方面和方向扩散，表现出极其丰富的多样性和多面性。如我们看待一个男人，他可以是男人、儿子、父亲、女婿、朋友、恋人、职员、领导、下属、党员、侨胞、摄影爱好者、幽默的人、豪爽的人……

【案例】一片叶子

一片叶子，画家看来是一幅美丽的画；音乐家看来是清新的音符；植物、生物学家看来是细胞、植物机理、生态、新物种；经济学家看来也许是一种具有极大经济价值的新产品、新商机；幻想家看来会是任何东西，也许里面有一个新的世界……面对这一片叶子，孩子、男人、女人、老人看来会有不同的认识，而在不同的孩子、不同的老人看来又会不同，在不同的职业看来也会不同，还有不同的阶层、不同的地域……这就是一千个人看，会有一千种叶子的道理。

一片叶子，放在不同的背景、场景里又会有完全不同的意义。放在春夏秋冬、放在风霜雨雪、放在山川、放在戈壁沙漠、放在南北极和赤道，放在垃圾堆里、钢铁上、餐盘中、饮料里，放在高空、放在宇宙……都会有完全不同的解释，都是完全不同的画。世间有万物，有四时，有广大的地域地形，有生长有运动，地球之外又是广袤的宇宙。

这是多么巨大的排列组合，独立的是画卷，组合起来又是多么巨大的数据库，未知性、多样性、变化性，这些让人禁不住兴奋、渴望。

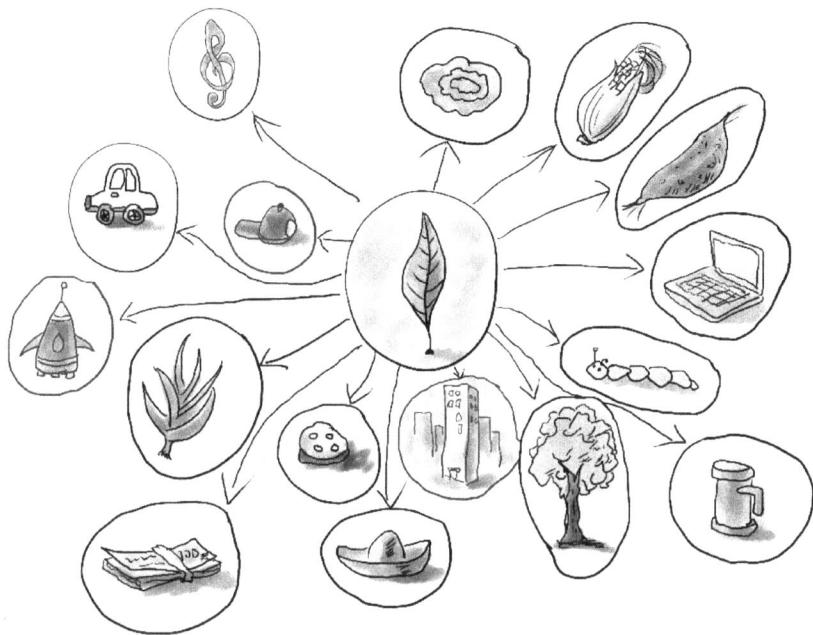

3. 独特性

发散思维的独特性就是指人们在发散思维中做出不同寻常的、异于他人的新奇反应的能力。独特是发散思维的理想境界，我们要获得独特的见解，既需要有丰富的经验、阅历和知识的基础，又必须善于冲破这些基础，甚至是异想天开。

【案例】老师晕了

一位老师在课堂上问同学："树上有 10 只鸟，开枪打死 1 只，还剩几只？"这是一个传统的脑筋急转弯题目，固化思维的人会老老实实地回答"还剩 9 只"，灵活思维的人会回答"1 只也不剩"。但是一个孩子却提出了一连串的问题。

学生反问："是无声手枪吗？"

"不是。"

"枪声有多大？"

"80 分贝至 100 分贝。"

"那就是会震得耳朵疼？"

"是。"

"在这个城市里打鸟犯不犯法？

"不犯。"

"您确定那只鸟真的被打死啦？"

"确定。"老师已经不耐烦了，"拜托，你告诉我还剩几只就行了，OK？"

"OK！树上的鸟里有没有聋子？"

"没有。"

"有没有关在笼子里的？"

"没有。"

"边上还有没有其他的树，树上还有没有其他的鸟？"

"没有。"

"有没有残疾的鸟或饿得飞不动的鸟？"

"没有。"

"打鸟的人眼睛有没有花？保证是 10 只？"

"没有花，就 10 只。"

老师已经满头大汗，但那个孩子还在继续问："有没有傻得不怕死的？"

"都怕死。"

"会不会一枪打死两只？"

"不会。"

"所有的鸟都可以自由活动吗？有没有鸟巢？里边有没有不会飞的小鸟？"

"没有鸟巢，所有的鸟都可以自由活动。"

"如果您的回答没有骗人"，学生满怀信心地说："打死的鸟要是挂在树上没掉下来，那么就剩 1 只，如果掉下来，就 1 只不剩。"

这位学生的话还没说完，习惯于标准答案的老师已经晕倒了！

（资料来源：http://www.360kuai.com/pc/97aa162d9c1e40b6b?cota=4&tj_url=so_rec&sign=360_57c3bbd1&refer_scene=so_1）

发散思维的要旨是"开",是一种多向发展的思维方式。发散思维可以引导我们随机应变,触类旁通;可以使我们不拘泥于传统,不墨守成规,摆脱旧有的联系,克服心理定势,跳出"常识"的框架,实现跳跃式思考和跨界思考。掌握了发散思维方式,就可以前所未有的视角去观察、分析事物,探求不同的、特殊的解决问题方法,得出独特的、有价值的新创见。

四、体验创造 放飞心灵:创新实践

【案例】动物园老虎咬人事件

2017年1月29日(大年初二)下午2点左右,宁波雅戈尔动物园发生老虎咬人事件。根据死者张某同行人员李某某陈述并现场指认,当日下午2时许,张某及妻子和两个孩子、李某某夫妇一行6人到雅戈尔动物园北门,张某妻子和两个孩子以及李某某妻子购票入园后,张某、李某某未买票,从动物园北门西侧翻越3米高的动物园外围墙,又无视警示标识钻过铁丝网,再爬上老虎散放区3米高的围墙(围墙外侧有明显的警示标识,顶部装有70厘米宽网格状铁栅栏)。张某进入老虎散放区,李某某未进入。张某爬下围墙,结果惨剧发生了。

(资料来源:https://baike.so.com/doc/24232139-25023601.html)

任务：

（1）以小组为单位，就老虎咬人事件，分析我们应该做什么。

（2）以小组为单位，制作思维导图；

（3）各小组指派发言人，向大家展示思维导图，发表核心观点；

（4）各小组互相点评，投票产生2个优秀小组。

五、八仙过海 各显神通：案例分析

海底捞员工管理模式的启示：雇佣员工的大脑而不是双手。

1. 权力只能管人，人情才能留人

"海底捞"已经在全国多个城市开设了分店，并且规模越来越大。人们不禁要问："海底捞"是凭借什么优势做到了不断扩张呢？对此，"海底捞"的员工最有发言权。他们认为：是独特的员工管理体系，使其发展出现了快速增长。那么，"海底捞"具有哪些独特的员工管理方式呢？

（1）把员工当成自家人对待。从"海底捞"对员工实行的管理来看，无论是企业管理者还是普通服务员在"海底捞"都能感受到家一般的温暖。"海底捞"中的服务员大多是通过熟人介绍过来的，比如老乡、同学、亲戚或者家人等。虽然这种方式在一些人看来简直有些不可思议，但"海底捞"认为：餐饮业一直以来就属于劳动密集型行业，员工的流动性非常高。要想管理好员工，首先要让他们对企业产生强烈的归属感，让他们把企业当成家一样，这就需要企业对待他们要像家人一样，这样才能激发出他们对企业的认同感，使他们愿意全身心地投入工作中去。其实，"海底捞"对待员工就像对待家人一样，而且"海底捞"会向员工传递"海底捞"的价值理念。试想，当员工能和自己熟悉的人一起工作，且企业带给他们家一般的温暖时，他们自然能快乐地工作，并且在这种快乐的带动下，会使越来越多的人主动自发地做好工作。

（2）解决员工的住宿问题。房租问题是很多餐饮企业员工面临的最大问题，因为房租是这些员工的最大支出。因此，房租问题也成为影响餐饮业员工能否在餐饮企业长久工作下去的关键因素。而"海底捞"为了能留住人，便为员工解决了房租问题，使员工心里踏实，愿意在企业中长久地工作下去。在"海底捞"工作的每一名员工都会享受到企业为他们提供的住房福利。比如，"海底捞"为员工租的房子全部是两居室、三居室，且每个房间都安有空调和电视机。为了节省员工的上下班时间，管理者还会考虑将房子租在距离店面步行不到20分钟路程的小区，并且每个房子中还有专门为员工提供保洁、洗衣等人性化服务的家政公司。此外，如果员工是夫妻，还会考虑分给他们一个单独的房间，以体现出人性化的特征。

（3）给优秀员工的父母寄"养老保险"。"海底捞"在留人制度方面还有这样一个规定：为了激励优秀员工在工作中取得成绩，公司建立了一个名为"员工家属养老金"的账户。规定每个月给大堂经理、店长以及在工作中有突出表现的员工的父母发放几百元的养老费用。因为这些员工大多来自农村，他们的父母基本没有养老保险，而"海底捞"这样做的目的就是给他们发保险金，以解决他们的养老问题。无疑，当员工的父母拿到养老金后，出于人情方面考虑，他们也自然会叮嘱自己的孩子要在"海底捞"好好干，不要辜负了企业对他们的厚望。

（4）让优秀员工的孩子免费上学。"海底捞"用情留人还体现在为优秀员工的孩子解决上学的问题上。由于来"海底捞"工作的员工大多远离家乡，且无法照看自己的孩子。为了帮助员工解决孩子的上学问题，"海底捞"在四川简阳出资千万元建立了一所寄宿制学校，让优秀员工的孩子免费到这里接受教育。一位在"海底捞"工作5年之久的员工这样感慨道："海底捞"为我解决了孩子的上学问题，让我的家人再也没有了后顾之忧，所以我将把"海底捞"当成最信赖的企业，也将尽自己所有的努力好好工作。

（5）为员工设立专项的医疗基金。"海底捞"在员工福利方面也体现出了极强的人性化特征。很多员工都骄傲地说道：来"海底捞"工作我们可以不用担心生病问题。因为我们生病了，企业会用专项的医疗基金帮助我们。的确如此，"海底捞"建立了专门用于员工医疗方面的基金，当员工生病住院以后，所花的医疗费用直接来自于这个医疗基金。如此一来，员工对企业的忠诚度自然会很高。

（6）将员工的安全放到最重要的位置。在"海底捞"对员工的管理中，还有一项人情味十足的管理制度：将员工的安全放到日常培训最重要的位置。也就是说，在日常管理中，企业管理者会不厌其烦地向员工传递安全的重要性。比如，让厨师长对其他厨师培训如何预防被油滴溅伤皮肤的安全技能，告诉服务员在传菜过程中如何避免被热菜烫伤。通过这样的安全培训，使员工有效地保护了自己，并能让员工感受到企业人性化的管理方式，从而自发地为企业创造价值。

无论是初来"海底捞"工作的新员工，还是在"海底捞"工作多年的老员工，他们都会被"海底捞"人情味十足的管理方式深深打动。因为他们在"海底捞"工作不仅找到了家一般的感觉，最重要的是他们被"海底捞"这种员工管理方式吸引了，从而使他们更加努力地工作。

从"海底捞"员工的口中经常可以听到这样的话：在"海底捞"工作，没有冷冰冰的管理方式，更多的是极具人性化的管理方式，这种管理方式直接影响到我们对"海底捞"的忠诚度。在这种管理方式的带动下，相信会有越来越多的员工被"海底捞"的管理方式所感染，从而为其贡献自己的力量。

2. 员工管理要摆正姿态：做朋友而不是做"家长"

员工管理是任何一个企业都需面临的问题，因为员工管理的好坏直接影响到企业发展的好坏。虽然这是个通俗易懂的道理，但还是有一些企业不能做到有效管理员工。因为他们在员工管理中总不能摆正心态，将自身看成"家长"的角色，而将员工看成"孩子"。这样一来，他们总是用家长式的威严与"孩子"进行沟通，虽然"孩子"在"家长"的威严下可能会屈服，但这种管理方式却不能真正让"孩子"信服。无疑，这样的企业在管理上自然也会出现很多问题。而"海底捞"在员工管理中却能摆正姿态，很少会出现家长式的咄咄逼人，而是用朋友式的坦诚沟通管理员工。

"海底捞"的一位中层管理人员曾这样表示："企业管理的实质是管理者与员工之间关系的融洽程度，关系越好，对企业发展越为有利；关系不好，肯定会对企业带来不利影响。而这一切的关键是要企业管理者摆正姿态，与员工做朋友而不是做'家长'。"那么"海底捞"在日常的员工管理中是如何摆正姿态，与员工做朋友的呢？

（1）与员工坦诚沟通，帮助其找出问题之所在。在企业中很多员工可能会发出这样的感慨：面对管理者威严的面孔，我们真的没有勇气发表自己的意见了。的确如此，很多企业都有类似的管理方式。在"海底捞"创始人张勇看来，这种员工管理方式没有跳出传统的家长式管理模式，管理者总是以一副威严的面孔管理着员工。这样，就会给员工心理上带来压力，从而使他们不能有效地将自身的才能发挥出来。张勇认为，员工管理一定要摒弃传统的家长式管理模式，改变管理者一贯的威严面孔，尝试用交朋友的心态对员工进行管理。这样做最大的好处是拉近了和员工之间的距离，从而激发出员工在工作上的积极性和创新性。

（2）耐心听完员工的诉说再做决定。现实中很多企业管理者在管理中往往表现得非常武断，在他们看来，给员工分配的工作任务，员工就要严格去执行。这本来没错，可他们这样做却忽视了员工的合理诉求，从而给员工心理带来了巨大的压力。比如，有些企业管理者在分配工作任务时，不会考虑员工的承受能力，更不会听取他们在工作中的诉说。最终，员工没能完成工作任务，这样自然会对企业发展带来不利影响。

而"海底捞"则会这样做：企业管理者在分配工作任务时，不会表现得武断，而是将工作内容准确地传达给每一名员工。当员工清楚自身的工作内容而对工作提出异议时，"海底捞"的管理者不会打断员工的谈话，而是会耐心细致地听取员工的诉说；当某一位员工在工作中确实出现问题时，他们不会表现出像家长那样的威严，而是充分理解该员工。

"海底捞"在北京开设分店的时候，发生过这样一件事：一个大雨滂沱的晚上，一个行色匆匆的中年人来到了"海底捞"北京牡丹园店。由于该分店刚开设不久，生意不算太好，店里只有一名服务员。这名中年人对服务员说道："来一碗牛肉面！"服务员见这名中年人的衣服被雨淋湿，赶忙递过来一块热毛巾，并对其说道："先生，我们店里没有牛肉面，来一碗汤圆怎么样？"当一碗热气腾腾的汤圆摆在这名中年男子的面前时，中年男子忙问："多少钱？""不要钱，免费向您提供的。"中年男子吃完汤圆后，面带微笑地离开了。

要是换作其他的餐饮店，店长很可能会对服务员的做法进行批评。可在"海底捞"却不会出现这样的情况。当店长得知服务员的做法后，耐心听完他的诉说后，并没有对其进行批评，而是当场表扬他是个有远见的人。而随后发生的事也印证了服务员免费为中年男子提供汤圆的正确性。原来这名中年男子是一家证券公司的副总经理，由于他被这碗免费的汤圆感动了，所以他介绍越来越多的人来"海底捞"消费。

（3）容忍员工犯错，但不能容忍员工不汲取经验教训。员工在工作中或多或少会出现错误，换成其他企业，对员工出现的错误可能会严厉批评，甚至将其开除，但在"海底捞"却很少见到这样的情况。"海底捞"在员工管理中秉承的是"容忍员工犯错，但不容忍员工没能从错误中汲取经验"的管理理念。这种管理理念并没有家长式的威严，从而能让员工感到管理者对他们的容忍度。这样一来，员工的内心就会被企业管理者的容忍折服，从而汲取经验教训，以便不再发生类似的错误。虽然"海底捞"能容忍员工犯下的错误，但这种容忍并不是无休止的容忍。一位在"海底捞"从业5年之久的大堂经理这样表示道："'海底捞'在员工管理中，能充分体现出人性化的管理特点。

也就是说，管理者很少用威严的气势去管理员工，并能容忍员工犯下的错误，但这种容忍不是没有限度的，底线就是当员工没有从错误中吸收经验教训的时候。"

（资料来源：http://yjbys.com/hr/yuangongguanli/1733647.html）

问题：请分析"海底捞"在制定员工政策时是如何使用发散思维的？

六、学有所得 延伸拓展：课后作业

请以小组为单位，创作并排练一个短剧。要求：

（1）至少包括手机、电视、台式电脑、电源、主人等元素；

（2）主题可以反映技术进步、提高生活质量、克服手机控制症、健康生活等；

（3）短剧时间不超过 5 分钟。

第二节 SECTION TWO
联想思维

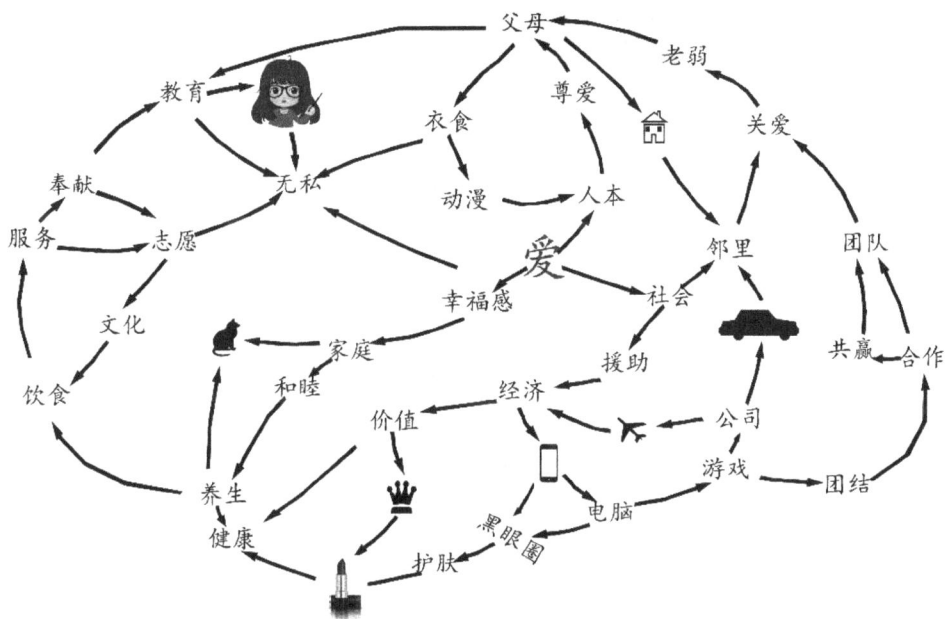

联想是常见的发散思维工具，了解联想思维的内涵和特点，掌握和运用联想思维的基本规律，可以实现举一反三的目的。

一、心有灵犀 一点就通：启动思维

观看图片 3-1，大家能想到什么？

图 3-1 观察图片

二、跃跃欲试 脑力激荡：引导案例

有一农村青年小张，在村里开采石头。一次他进城送石材，闲暇时间去逛农贸市场，发现有人卖石头。小张好奇地走近观看，发现这些石头表面光滑，形状各异，但材质并没有什么特殊，可价格不菲。小张心想：这样的石头在我们山上随处可见，我为什么不能捡来卖呢？于是，他开始与卖主攀谈起来，很快达成意向。小张放弃了开采石材的生意，开始满山遍野地捡石头，开始村民们很不解，但没多久，人们就发现他捡的石头比他们开采石头挣钱还要多。于是人们纷纷效仿，自然好石头少了，价格也低了。小张再一次来城里农贸市场转悠，琢磨着是不是还有其他赚钱的路子。很快，小张就发现城里人来农贸市场成筐成筐地买水果，小张眼前一亮。回到村里，小张开始在山上栽桃树，三年过后，小张的桃子上市。由于小张的桃子味道鲜美、外形漂亮，销路很好。村里人马上又效仿起来，好多人开始栽桃树了。可有心的小张，并没有停步，他发现城里人买桃子，不仅看桃子的质量，对装桃子的框也很挑剔。小张很快租下了一片无人问津的沼泽地，开始种植柳条，又专门出去学习了编织技术，回村后开始编织各种造型的框子，卖给种桃子的农户，结果桃农收益大增，小张也从中获得了不菲的收益。

问题：小张为什么总能走在别人前面呢？

三、寻根问源 超越自我：知识链接

联想思维是通过某一事物的现象而想到具有某种联系的另一事物的现象，从而启发出创新的思维方法。

事物是普遍联系的，我们可以利用直接或间接的联系，启发我们的灵感，使我们跨越时间、空间、习惯、常识等限制，实现创新。如从鸟的飞翔联想到飞机，从蒸汽鼓动锅盖联想到蒸汽机，等等。

联想思维有什么特点？

1. 由此及彼

联想是建立在联系的基础上的，从既有的事物中看到另外一个事物，或从一种属性中看到另外一种属性。创造性联想是对事物概念或属性进行选择和重组后的一种发散性的灵活转换，达到由此及彼的效果。

【案例】通过家猫发现敌情

"二战"期间，德国的侦察兵发现法军阵地后方的一片坟地上经常出现一只家猫。每天早晨八九点钟时，那只猫在坟地上晒太阳，而坟地周围既没有村庄的房舍，也看不到有人活动。这位侦察兵推测坟地下面可能有个掩蔽部队，而且可能是个高级机关。

于是，他向上级汇报。结果德军用 6 个炮兵营，集中攻击这片坟地。事后查明，这里的确是法军的一个高级指挥部，掩蔽在里面的人员几乎全部丧生。

（资料来源：https://movie.douban.com/review/9174826/）

2. 跳跃性

联想通常表现为事物之间的跳跃性连接。在联想思维过程中，人们既遵循事物的内部规定性和逻辑关系的制约，同时又可以通过事物的内在关联性和可比性，不断地扩展人脑中固有的思维，发现事物之间的普遍联系，甚至发现看上去似乎毫不相干的事物之间的联系，从而实现由此及彼、由旧见新、由已知到未知的突破。联想思维的跳跃性，可以使人们获得更多的设想和预测，达到举一反三的效果。如李煜诗词《虞美人》中说"问君能有几多愁，恰似一江春水向东流"，这里就用"一江春水"来联想、形容愁的"几多"。曹子建的七步诗："煮豆燃豆萁，豆在釜中泣，本是同根生，相煎何太急。"寥寥数语，把兄弟之间的残杀，刻画得如此形象逼真。

【案例】橡树形太阳能电池树

寒冷的冬天，美国纽约州的初中 7 年级学生艾丹·德威尔，在卡茨基尔山徒步旅行。他突然发现橡树树叶和树枝按一定规律排列，艾丹认为这一定与光合作用的效率有关。回家后查资料知道原来橡树树叶和树枝排列遵循斐波那契数列。德威尔认为这样的排列方式一定有它的道理：树枝选择这样的方式生长，既保证了绝大多数树叶都能接受到阳光照射，也避免了阳光直射和由此产生的阴影，利用阳光的效率最高。

艾丹·德威尔设想，如果能按照斐波那契数列架设太阳能电池，应该会获得意想不到的效果。为证实这一想法，德威尔对树枝和树叶的排列进行了研究，并用量角器等工具进行了测量和计算。而后用 PVC 管材和太阳能电池板按照斐波那契数列的排序方式制作出了一个小型的"太阳能树"。为了便于对比，德威尔还制作了一块同样面积的平板式太阳能电池，并在两个装置上都安装上了电压读数器，观察两者捕获阳光能力的差异，如图 3-2 所示。

实验结果表明，树形电池装置产生的电力比平板阵列多出 20% 以上。特别是在冬至前后，那时太阳在天空中的最低点，树形设计产生的电力能多出 50%，而且不需要任何的偏角调整。每天的有效光照时间延长了 2.5 小时。

德威尔进一步研究其他树种，改进电池树的模型，以确定如何制造更高效的太阳能电池阵列。德威尔的设计为他赢得了 2011 年美国自然历史博物馆的年轻博物学家奖。

（资料来源：中国电池网 http://www.itdcw.com/archives/25780）

图 3-2　橡树形太阳能电池树

3. 内在的逻辑性

　　联想虽然是一个自由开放的遐想过程，但不是胡思乱想，创造性的联想是由一事物想到具有某种联系的另一事物的心理活动过程，尽管最终产生奇特的结论，但其内在是有逻辑性的，因而是合理的推理过程。例如，从海湾战争我们可以联想到国内某一城市的居民生活状况。这期间的联系可以是战争—石油短缺—油价上涨—行车成本提高—减少用车—生活不方便。尽管海湾战争距离我们很遥远，但与我们的生活是有必然联系的。再如，图 3-3 是某企业车间墙壁上的一幅图画，一位奔跑的人面前有金砖，后面则有猛虎追击，让人很容易想到市场竞争的得失。

图 3-3　企业墙上的画

【案例】日本谚语：如果天刮风，那么木桶店就要赚钱

这个谚语实际说明一个连续的因果联系。天刮风—风沙增加—害眼病的人增多—盲人增加—弹三弦卖艺的人将增多—将需要大量的猫来制作琴弦—猫将会减少—老鼠将会增多—木桶将会大量地被老鼠咬坏—将需要更多木桶来补充—木桶店赚钱。

（资料来源：http://www.360doc.com/content/16/0613/11/29589816_567372917.shtml）

联想常常是触景生情，它是以某一事物为发散元，从不同的角度，采用不同的方法进行发散的思维方式。如我们可以根据相关事物在时间、空间、性质、形态、颜色、声音、结构、功能、原理等方面的相似性，进行接近联想和类似联想；可以根据事物之间的相反性质或特点，进行对比联想；也可以根据事物之间所存在的因果关系，进行关系联想等。

四、体验创造 放飞心灵：创新实践

以小组为单位，选择完成下列一项任务，并逐一进行分享。

（1）目前我国乡村旅游蓬勃发展，其中采摘节是促进乡村旅游的有效活动形式，请大家列举出至少10种类似或相近的旅游活动。

（2）手机目前已成为现代人必备的通信工具，请分别列举出手机带给我们的10种益处和10种危害。

（3）变色是人们常用的一种提示方式，如马路上的红绿灯，提示人们行进规则。动物也经常通过改变颜色来保护自己或适应环境。请你运用这一方法来解决人们生活或工作中的实际问题，要求提出解决问题的方案及技术设想（提示：如螺丝钉拧紧会变色、身体感觉寒冷之前衣服变色……）。

（4）阅读下列案例，设计类似产品。

当人们轻拉汽车座椅旁的安全带时，能够将安全带拉出很长。如果突然用力拉安全带，安全带则被锁住，不会被拉长。这是安全带起到保护作用的基本原理。广州番禺德兴小学的3名小学生利用这一原理设计了"误踩油门制动装置"，即在油门踏板底下安装两个相连的齿轮，下方右侧拉着一条长弹簧，左侧是一个汽车安全带卷。长弹簧、安全带卷及油门踏板通过一根钢杠联为一体。当司机正常踩油门时，弹簧收缩自如；当司机在遇到紧急情况、把油门当刹车踩时，因紧张和焦急，此时司机踩踏的

力度往往都特别大，于是左侧的安全带卷会在瞬间绷紧，钢杠随之被牢牢地固定，接着油门踩板也被固定住。

安全带原理还可以应用在哪里？解决什么问题？

五、八仙过海 各显神通：案例分析

【案例】

1. 互利的推销

国外一家公司既经营鲜牛奶又经营面包、蛋糕等食品。这家公司出售的牛奶质优价廉，每天都能在天亮以前将牛奶送到订户门前的小木箱内。牛奶的订户不断增多，公司获利越来越大。可是这家公司经营的面包、蛋糕等食品，虽然也质优价廉，由于门市部所在的地段较偏僻，来往的行人不多，营业额一直不大。这家公司的老板当然知道通过报纸和电台做广告是有作用的。但他同时也清楚，这要付出很大的代价，而且面包、蛋糕一类食品，不同于一般大件商品，在报纸上或新闻媒体公布其名称、价格，是不容易引起消费者注意的。该公司老板从牛奶订户不断增多的事实中感到，这是一个很大的消费群体，对其进行宣传不仅能收到很好效果，而且能通过他们不断扩大影响。于是他认定，要为面包、蛋糕等食品做宣传，可以在牛奶订户上做文章，这是一个可以从中挖掘出有效广告形式和手段的重要资源。他左思右想，终于想出一个投资不大而宣传效果又极佳的推销面包、蛋糕的好方式。这家公司的老板想出的办法是：设计、印制一种精美的小卡片，正面印各种面包、蛋糕的名称和价格，卡片的背面是订货单，可填写需要的品种、数量、送货时间及顾客的签名。每天把它挂在牛奶瓶上送给订户，第二天再由送奶人收走，第三天便能将顾客所订的面包、蛋糕等食品随同牛奶一起送到订户家中。在这家公司没开展为订户送牛奶的同时也按订货单送面包、蛋糕的业务之前，订户们都要自己上街去买早上吃的面包、蛋糕，不但费时费事，往往还要一次买够几天的需要量，这就不能不影响到面包、蛋糕的新鲜程度。再则，公司为订户所送的面包、蛋糕，其价格比从街上零售店买的要便宜一些。公司这种推销办法，既扩大了销路、增加了盈利，又不失一种便民利民之举，大受欢迎！

（资料来源：道客巴巴网）

问题：这家公司是运用什么思维方式进行营销的？给我们什么启发？

2. 华为创新实践之市场与研发的组织创新

（1）市场组织创新。"一点两面三三制"是林彪80多年前的发明。什么叫"一点两面"呢？尖刀队先在"华尔街的城墙"（任正非语）撕开口子，两翼的部队蜂拥而上，把这个口子从两边快速拉开，然后，"华尔街就是你的了"。林彪被称为常胜将军，"一点两面三三制"是一个很重要的战术思想、战术原则。"三三制"当然指的是组织形态。早期，任正非要求华为的干部们就"一点两面三三制"写心得体会。前副总裁费敏以及还在基层的今天的常务董事李杰，对"一点两面三三制"体会最深，在《华为人报》发表后，任正非大加赞扬，就提拔他们上来。此后，"一点两面三三制"便作为华为公司的一种市场作战方式，对华为20多年的市场成功助益甚多，至今仍然被市场一线的指挥官们奉为经典。

铁三角是向谁学的呢？向美国军队学的。蜂群战术，还有重装旅等，这些美国军队的作战体制也都成为华为进行管理创新的学习标本。

什么叫重装旅？一线营销人员发现战机后，报告给后方指挥部，山头在哪，目标在哪，总部专家们要做评价。当专家团认为可以派重装旅过去，这些由商务专家、技术专家、市场解决方案专家组成的专家小组就奔赴前线，与市场一线的团队联合确定作战方案，甚至共同参与客户的技术交流、商务谈判等。

（2）研发体制创新。比如固定网络部门用工业的流程在做研发，创造了一种模块式研发方式——把一个研发产品分解成不同的功能模块，在此基础上成立不同的模块组织，每个组织由4～5个精干的专家组成，分头进行技术攻关，各自实现突破后再进行模块集成。第一，大大提高了研发速度；第二，每一模块的人员都由精英构成，所以每个功能模块的错误率很低，集成的时候相对来说失误率也低。华为的400G路由器的研发就是以这样的组织方式进行的，领先思科公司12个月以上，已在全球多个国家布局并进入成熟应用。

而在无线研发部门，则创造了底层架构研发方式，强调修万里长城，板凳要坐十年冷；直接面向客户的应用平台研发则推行海豹突击队模式，从而形成了整个研发团队的整体作战能力和快速应变力的有效结合。这即是任正非说的"修长城"，坚固的万里长城上跑的是"海豹突击队"，"海豹突击队"在"长城"上建"烽火台"。

（资料来源：80后励志网 . http://www.201980.com/zhupao80/anli/9935.html）

问题：华为是如何借鉴军事战术开展创新的？如何在你的专业学习中借鉴和应用

华为创新的思维模式？

六、学有所得 延伸拓展：课后作业

（1）什么是联想思维？联想思维有什么特点？

（2）运用联想思维为校内超市策划一份营销或管理创新方案。

第三节 SECTION THREE

逆向思维

　　反其道而思考的逆向思维是有效的创新思维形式，掌握逆向思维的基本规律，灵活使用逆向思维的方法，可以帮助我们实现"柳暗花明又一村"的创新目的。

一、心有灵犀 一点就通：启动思维

【活动】分牛

　　据说俄国大作家托尔斯泰设计了这样一道题：从前有个农夫，死后留下了一些牛，他在遗书中写道：妻子得全部牛的半数加半头；长子得剩下的牛的半数加半头，正好是妻子所得的一半；次子得还剩下的牛的半数加半头，正好是长子的一半；长女得到最后剩下的半数加半头，正好等于次子所得牛的一半。结果一头牛也没杀，也没剩下。问：农夫总共留下多少头牛？

二、跃跃欲试 脑力激荡：引导案例

【案例】缺陷也有商机

商机可以说无处不在，无时不有。在日常生活中，一些平凡小事、平常现象也有可能蕴藏着商机。例如产品的小毛病，只要我们来个缺点逆用，可能会取得巨大的成功。天津一家毛纺厂生产的一种呢料，因原料成分的不同，着色不一，常常出现白点，销路始终难以打开。后来，设计人员灵机一动，来了个缺点逆用，一反常态，变消灭白点为扩大白点，制作出了一种雪花呢新产品，投放市场后，掀起了一股不小的销售旋风，厂方赚了个盆满钵满。

近年来，市场上一些商品难觅踪影，如款式陈旧的解放鞋、价格低廉的针、低薪家庭急需的煤炭炉及火钳等。目前，江苏淮安市一家镇办胶鞋厂，重新生产已经停了几年的解放鞋。因为全国各地修建冬春水利的工人们对解放鞋的需求量很大。所以，订货者纷至沓来，使这个生产经营不景气的企业又焕发了勃勃生机。

事实说明，企业能否在市场竞争中生机勃发，并不在于它生产的产品大小，关键在于产品是否适销对路，能否满足顾客的消费需求，适应市场需求。只要你肯多动脑筋，敢于跳出常规去考虑问题，黄土也能生出钞票，石头随时会变成金条。

（资料来源：80后励志网. http://www.201980.com/gushi/jingyan/1050.html）

问题：请分析在我们的学习、工作、生活中，有哪些可以反其道而行之的事情。

三、寻根问源 超越自我：知识链接

（一）什么是逆向思维？

逆向思维又称反向思维，是指从习惯思路的反方向去寻找、分析、解答问题的思维方法。

人们习惯于沿着事物发展的正方向去思考问题并寻求解决办法。其实，对于某些问题，尤其是一些特殊问题，从结论往回推，倒过来思考或许会使问题简单化。对于一项纷繁复杂的工作，有时我们经常会感觉难以理清思路，但如果我们采用结果导向，用倒逼的方式，可能工作思路和重点就会清晰很多。如我国古代司马光砸缸的故事，就是典型的逆向思维。看到小孩落入水缸，其他小朋友想的是让小孩快速脱离水，但都无能为力。而司马光想的是怎样让水脱离小孩，于是想出了砸缸放水的办法。

（二）逆向思维有什么特点？

1.对立性

逆向思维的内在逻辑基础是对立统一规律，只要符合对立统一规律的特点，我们都可以找到相反的一个角度，如性质对立、位置对立、形态对立、特征对立、结构对立等。逆向思维就是从事物的一个方面想到与之对立的另一方面，通过反向思考，达到突破思维定势和习惯、树立新思想、创立新形象、实现创新的目的。对立统一规律是普遍的，因此，逆向思维也被普遍地应用到各个领域。

2.批判性

逆向思维不仅仅是形式上的反向，更主要的是内容上的反向。它经常是对传统、惯例、常识、经验等的挑战，是一种"反其道而思之"。采用逆向思维，首先我们要敢于挑战权威，勇于质疑，其次我们必须坚持一种批判和分析的态度。

【案例】坏事变好事

茅台酒，由于它的品质纯正，香味清纯，深得我国人民的喜爱，人们以能喝到茅台酒为生活中的一大享受。可是茅台酒第一次到国际上展销的时候，外国人却没一点兴趣，更谈不上订货。这是什么原因呢？原来茅台酒的包装太陈旧，不吸引人。换包装吧，时间来不及；继续宣传吧，外国人不听。这时有个工作人员很机智，想出了一个办法："你看到的是外包装，我要让你感受到酒的内在魅力！"他故意把一瓶茅台酒掉在地上摔破，结果酒香四溢，吸引了众多外国人。

【案例】一穷二白

中华人民共和国建立初期，国内经济呈现"一穷二白"的状态。当时，许多人都认为要治愈战争的创伤谈何容易，而毛泽东同志的看法却是："穷则思变"，"一张白纸没有负担，好写最新最美的文字，好画最新最美的图画"。同样是"一穷二白"，观察的角度不一样就会产生乐观与悲观两种截然不同的看法。

在我们的日常生活中，有时会有这种现象，你要求某人一定要把这件事做好时，他表现出满不在乎的样子，事情做得经常让人不满意；如果你用怀疑的眼光，怕他做不好这件事，他往往做得让人满意。这就是逆向思维起的作用。

3. 新颖性

由于逆向思维是对人们习惯的正向思维的一种否定，因此，经常会给人一种耳目一新的感觉。我们循规蹈矩地按传统方式去解决问题，往往会出现两种情况：一是我们解决不了问题；二是可以解决问题，但容易使用司空见惯的思路和方案，没有新意。逆向思维恰恰要求转换角度，容易取得意想不到的效果。任何事物都是对立统一的，我们不仅要充分考虑正向的合理性、可能性，同时也要充分考虑反向的合理性和可能性。如复印机为人们复制资料提供了便利，它的原理是将文档复制到白纸上，但日本专家从资源利用的需求出发，反向考虑如何去掉白纸上的文档资料，于是发明了"反复印机"，即将带有文字图片资料的文件复原为白纸，进行再利用。

【案例】高产土豆的推广

一种高产量的土豆传到法国时，法国农民并不感兴趣。为了提倡种植这种土豆，法国政府花了大气力搞宣传，但效果甚微，导致优良品种的土豆被冷落。

后来，有人出了一个"怪招"。不多久，人们突然发现，在各地种植土豆的试验田边，都有全副武装的哨兵日夜把守。一块庄稼地怎么会有哨兵把守呢？周围的农民觉得奇怪，他们判断：这里种植的东西一定非常金贵。于是，他们经常趁着士兵"疏忽"时溜进试验田，去偷土豆，然后小心翼翼地把偷来的土豆拿回家去种在自家的地里，用心侍弄。

一个季节下来，这种土豆的优点广为人知。新土豆就这样被推广到法国各地，成为广受法国农民欢迎的农作物之一。

（资料来源：http://www.360doc.com/content/16/0613/11/29589816_567372917.shtml）

（三）逆向思维的类型有哪些?

逆向思维应用极其广泛，对几乎所有的事情我们都可以尝试逆向思维。在创新实践中我们可以把它归为4类：结构逆向思维、功能逆向思维、状态逆向思维、因果逆向思维。

1. 结构逆向思维

结构逆向思维是指从已有事物的结构的反向，去设想和探索，以寻求解决问题的新途径。一般可以从事物的结构位置、结构材料、组合方式以及结构类型进行逆向思考。例如，我国第四届中国青少年发明创造比赛中获一等奖的"双尖绣花针"，发明者是武汉市义烈巷小学的一名学生，他把针孔的位置设计到中间，两端加工成针尖，从而使绣花的速度提高近一半。又如，日本有一位家庭主妇对煎鱼时鱼总是会粘到锅上感到很恼火，煎好的鱼常常烂开、不成片。有一天，她在煎鱼时突然产生了一个念头，能否不在锅的下面加热而在锅的上面加热呢？经过多次尝试，她想到了在锅盖里安装电炉丝这一从上面加热的方法，最终制成了令人满意的煎鱼不糊的锅。这些都是结构逆向思维的典型实例。

2. 功能逆向思维

功能逆向思维是指从原有事物的功能出发，沿相反功能的方向，寻求解决问题的新途径，开发新产品。功能相反的产品很多，如人们发明了订书机，可以把纸质材料装成册，同时又发明了起钉器，可以把订在纸质材料上的书钉便利地取下来。最早的空调是制冷的，主要解决天气炎热的问题，后来考虑寒冷天气的问题，就又开发了制热功能。过去医院的医生在查房时经常会问患者，今天感觉哪里不舒服？患者就会想想哪里不舒服，结果是身体哪里都不舒服；现在有经验的医生会问，今天感觉哪里好些，患者就会思索舒服的部位，从而有效激发了患者的乐观和自信，有助于治疗。

3. 状态逆向思维

状态逆向思维是指人们根据事物的现有状态的相反方面来认识事物，开展创造发明的思维方法。如，随着农业文明向工业文明过渡，人们喜欢城市生活，大量人口涌入城市。但目前随着交通条件的改善和环保意识的增强，好多人厌倦了快节奏的都市生活，开始向往安逸、绿色的农村，由此乡村旅游兴起，民宿成为热捧的对象。再如，过去木匠用锯和刨来加工木头，木头不动工具动（实际上是人动）。这样做，人的体力消耗较大。为了改变这一状况，人们从工具不动、木头动的角度出发，设计发明了电刨和电锯，从而大大提高了效率和工艺水平，减轻了劳动量。

【案例】液体手套的发明

廖基程在工厂劳动时经常看到：由于大部分零件的密度非常高，为了防止零件生锈，工人们必须戴手套进行操作，而且手套必须套得很紧，手指头才能灵活自如，这样一来，戴上脱下不但相当麻烦，而且容易将手套弄坏。为此，他常想，难道只能戴这样的手套吗？能不能改进？有一天，他在帮妹妹做纸艺品时，手指上沾满了浆糊。浆糊快干的时候，变成了一层透明的薄膜，紧紧地裹在手指头上，他当时就想："真像个指头套，要是厂里的橡皮手套也这样方便就好了！"过了不久，有一天清早醒来，他躺在床上，眼睛呆呆地望着天花板，头脑里突然想：可以设法制成浆糊一样的液体，手往这种液体里一放，一双柔软的手套便戴好了，不需要时，手往另一种液体里一浸，手套便消失了，这不比橡皮手套方便多了吗？他将自己的这一大胆想法向公司做了汇报，公司领导非常重视，马上成立了一个研究小组，并将廖基程从生产车间调到研究小组。经过大家反复研究，终于发明了这种"液体手套"。

使用这种手套只需将手浸入一种化学药液中，手就被一层透明的薄膜罩住，像真的戴上了一双手套，而且非常柔软舒适，还有弹性。不需要时，把手放进水里一泡，手套便"冰消瓦解"了。

（资料来源：瞧这网 http://www.795.com.cn/wz/98870_16.html）

4. 因果逆向思维

许多事物都是处于复杂的因果链条中的，有些事物还可能是互为因果的关系。因果逆向思维就是充分利用事物的因果关系，变因为果，寻找创新点。在电的发明史上，从奥斯特的电能生磁到法拉第的磁能生电，它们之间就有着因果逆向思维的联系。在社会发展中，经济发展促进旅游业的发展，同样，旅游业的发展也促进了经济的发展。

【案例】魏潮洲与蚂蚁净

1993 年 6 月，广东省揭阳市榕城区渔湖镇青年魏潮洲研制的"山甲牌蚂蚁净"，在中国爱迪生发明协会举办的科技成果评选中脱颖而出，获得了"中国爱迪生杯金奖"。魏潮洲因此被称为"灭蚁王"。

他是怎么做出这一重大发明的呢？ 1981 年，那时他 21 岁，有着很强的好奇心。一次在家里他偶然看到蚂蚁排成一字长蛇阵搬运食物。这一景象异乎寻常地吸引和触动了他。他立即想能不能用一种高效的药物引诱蚂蚁来觅食，最后达到全部剿灭它们的目的呢？这瞬间的念头，使他从此闯入了蚂蚁王国。从此，他开始学习有关知识，仔细观察蚂蚁在不同环境、不同季节里的生活习性，并多次向上海、广州的昆虫学家请教。经过一年多数百次各种配方的实验，1983 年底获得成功。为了取得更佳的效果，他继续探索，根据不同季节修改配方和选择不同的饵料，终以最理想的配方创造出"山甲牌蚂蚁净"，对净化环境、保护食品等做出了巨大贡献。产品除畅销国内市场外，还远销东南亚的许多国家和地区。

逆向思维是一种积极的思维方式，不是对正向思维的简单否定。无论是正向思维还是逆向思维，我们都要评估其合理性，在实践中我们还要综合考虑其可操作性。在创新思维中我们需要树立一种辩证的思维方式，既要看到正向的合理性，又要看到反向的合理性，从而使我们展开思维的翅膀，从不同的角度去看问题，这也是对事物客观多样性的一种尊重，通过我们思维角度的转换，认识到事物"横看成岭侧成峰，远近高低各不同"的本来面貌，获得"山重水复疑无路，柳暗花明又一村"的喜悦！

（资料来源：http://www.360doc.com/content/13/0826/16/642066_310031471.shtml）

四、体验创造 放飞心灵：创新实践

（一）损失多少？

王老板花 30 元进了一双鞋，零售价 40 元。一个小伙子来买鞋，拿出一张 100 元人民币，王老板找不开，只好去找邻居换了这 100 元，然后找给了小伙子 60 元。后来邻居发现这张 100 元是假币，没办法，王老板又还了邻居 100 元。

问题：这场交易里，王老板一共损失了多少钱？

（二）利用逆向思维尝试对下列活动或产品进行创新

销售旅游商品

健康运动

有机食品

城市交通拥堵

雨伞

自行车

……

五、八仙过海 各显神通：案例分析

（一）米老鼠的诞生

美国人华特•迪士尼曾一度从事美术设计工作，后来他失业了。原来他和妻子住在一间老鼠横行的公寓里，但失业后，因付不起房租，夫妇俩被迫搬出了公寓。这真是连遭不测，他们不知该去哪里。一天，两人呆坐在公园的长椅上，正当他们一筹莫展时，突然从华特•迪士尼的行李包中钻出一只小老鼠。望着老鼠机灵滑稽的面孔，夫妻俩感到非常有趣，心情一下子就变得愉快了，忘记了烦恼和苦闷。这时，华特•迪士尼头脑中突然闪过一个念头。对妻子惊喜地大声说道："好了！我想到好主意了！世界上有很多人像我们一样穷困潦倒，他们肯定都很苦闷。我要把小老鼠可爱的面孔画成漫画，让千千万万的人从小老鼠的形象中得到安慰和快乐。"风行世界数十年之久的"米老鼠"就这样诞生了。在失业前，华特•迪士尼一直住在公寓里，每天从早到晚都同老鼠生活在一起，老鼠带给他的是烦恼。而在穷途末路、面临绝境的时候出现了这样的灵感，原因何在？其实，"米老鼠"就是他进行了反向思考的产物，变厌恶为喜欢。他说："米老鼠带给我的最大礼物，并非金钱和名誉，而是启示我陷入穷途末路时的构想是多么伟大！还有，它告诉我倒霉到极点时，正是捕捉灵感的绝好机会。"

（资料来源：https://wenku.baidu.com/view/08a311ad65ce0508763213f1.html）

（二）救命的枪声

"救命啊，救命啊！"

拿破仑正骑马穿过一片森林，远处突然传来一阵紧急呼救声。他策马扬鞭，向着发出呼救声的地方飞奔而去。穿出林子，不远处是一个湖泊。离岸30来米处，一个落水的士兵正在挣扎着向深水区漂移。岸上有几个士兵慌作一团，一面高声呼救，一面急得跳脚。他们全都不会游泳，眼看伙伴就要淹死，却束手无策。

这时，拿破仑奔到湖边，问了一声："他会游泳吗？"一个士兵答道："他只能扑腾几下子，现在已经不行了，漂到了深水里，刚才还喊救命呢！"

"哦！"拿破仑哼了一声，脑子飞快地转动着，随即从紧跟而来的侍卫手中抓过一支枪，严厉地向落水土兵喊道："你干吗还往湖中爬，快给我回来。再往前我就枪毙你！"说完就朝落水者前面开了两枪。

也许是听到了严厉的威胁，也许是子弹溅水的声音，也许两者兼而有之，落水者猛然转过身来，拼命扑打着水，好不容易找到浅水处，爬上了岸。同伴们为他高兴，小伙子惊魂初定，这才发现面前站着的竟是拿破仑，心有余悸地说："陛下，我是不小心才落水的，快要淹死了，您干吗还要枪毙我？您的子弹差一点打中了我，真把我吓死啦！"

拿破仑笑道："这是一个荒野深湖，你再往前漂去，沉到湖底就回不来了。吓了你一大跳，不就回过头来得救了吗？"士兵恍然大悟，赶忙向拿破仑皇帝感谢不迭。

问题：分析上述两个案例是如何运用逆向思维的，这两个案例分别属于哪种形式的逆向思维，对我们有何启发？

（资料来源：豆丁网 http://www.docin.com/p-935062176.html）

六、学有所得 延伸拓展：课后作业

从"逆向反转"（原理、功能、因果、结构等）的角度思考已知事物的相反事物，将结果填在表 3-1 内。

表 3-1　相反事物

已知事物	相反事物
示例：发电机	电动机
话筒	
加热使水分蒸发	
火灾时周围温度升高	
狂风暴雨带来洪涝灾害	
吹风机	
过街天桥	
穿山隧道	
轮船	
麦克风	
录音机	
空调制冷	
降雨	
干燥器	

第四节 Section Four
想象思维

　　爱因斯坦说："想象力比知识更重要，因为知识是有限的，而想象力概括着世界的一切，并且是知识的源泉。"想象思维是创新思维中最活跃、最具创造力的思维形式。了解和掌握想象思维的基本知识，调动每个人的想象力，激活沉积在大脑深处的信息，重新编码和组合已有的表象，可以取得超越现实的结果，从而促进我们的创新思维。

一、心有灵犀 一点就通：启动思维

【活动一】画画

韩信是我国历史上有名的将领。有一天，刘邦想试一试韩信的智谋。他拿出一块五寸见方的布帛，对韩信说："给你一天的时间，你在这上面尽量画上士兵。你能画多少，我就给你带多少兵。"站在一旁的萧何想：这一小块布帛，能画几个兵？急得暗暗叫苦。不想韩信毫不迟疑地接过布帛就走。第二天，韩信按时交上布帛，上面虽然画了些东西，但一个士兵也没有。刘邦看了却大吃一惊，心想韩信的确是一个胸有兵马千万的人才，于是把兵权交给了他。那么，韩信在布帛上究竟画了些什么呢？

请问：韩信使用什么方法表达了自己的真实想法？

【活动二】巧动火柴

用 14 根火柴，摆出两只倒扣着的杯子（如图 3-4 所示），只要动五根火柴，就可以让杯子的口倒过来，该怎么动呢？

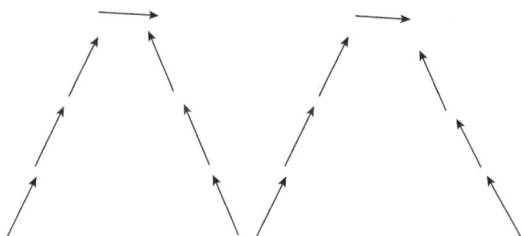

图 3-4 巧动火柴

二、跃跃欲试 脑力激荡：引导案例

【案例】珍妮纺纱机

在 18 世纪欧洲纺织工业发展中，纺线满足不了织布的需要，人们正在研究如何提高纺线的效率。

1764 年的一个晚上，英国兰开郡的纺织工詹姆斯·哈格里夫斯在回家开门时，不小心一脚踢翻了妻子正在使用的纺纱机。随后，他惊奇地发现那台被踢倒的纺纱机还在转，只是原先横着的纱锭变成直立的了。他想：如果把几个纱锭都竖着排列，用一个纺轮带动，不就可以同时纺出更多的纱了吗？哈格里夫斯非常兴奋，马上试着干了起来。经过反复试验、改进，他造出了用一个纺轮带动 8 个竖直纱锭的新纺纱机，功效一下子提高了8倍。哈格里夫斯以其女儿珍妮的名字,将这台纺纱机命名为"珍妮机"。1768年,哈格里夫斯获得了这项发明专利。

"珍妮机"是最早的多锭手工纺纱机,适用于棉、毛、麻纤维纺纱。它不但效率高,纺出的纱质量好,而且结构简单、体积小、成本低。"珍妮机"很快在英国纺织业得到推广和广泛使用。经过不断的技术改进,至1784年,这种纺纱机上所装的纱锭已增加到80个,大大提高了工效。4年后,全英国投入纺纱生产的"珍妮机"超过2万台。

(资料来源:360百科 https://baike.so.com/doc/5816364-6029177.html)

三、寻根问源 超越自我：知识链接

（一）什么是想象思维？

想象思维是人们对大脑中已有记忆表象（印象）进行新的加工、改造、重组而创造出新形象的思维活动。

想象思维的基本元素是表象。表象是经过感知的客观事物在头脑中再现的形象，即大脑对外界事物储存下来的各种信息，包括静止的、活动的画面，平面的、立体的画面，有声的、无声的画面等在头脑中的回放。想象思维就是凭借这种回放的信息，进行重新加工、改造、重组，形成一种崭新的形象。

【案例】青蛙和蛙鱼

一次青蛙给蛙鱼讲起陆地上的牛，告诉它，牛长着两个坚硬的角，有四条腿，还长着长长的胡须……晚上，蛙鱼辗转反侧，终于勾画出了牛的画面，结果成了一条"牛鱼"。

（二）想象思维有什么特点？

1. 生动性

想象思维是感官在接受事物影响后，在大脑中形成了直觉模型，并在此基础上改造生成的一种新的知觉模型。因此，想象思维与逻辑思维不同，具有形象性和生动性，展现给人们的成果是鲜活、具体、直观、亲切的。如《阿Q正传》中的主人公"阿Q"，正是因为作者鲁迅浓缩了对各种人物的感知，形成了印象后，通过细腻语言和情节的描述，给我们展现出来的一个形象人物；又如一张楼房的建筑图纸，也是建筑师总结各式各样的楼房原形后，加工出的一个创新作品，使我们通过图纸就可以想象出未来楼房的样子。尽管每个人的感知不同，原有的知觉表象不同，想象出来的形象是不同的，但都是生动活泼的。正如马克思所说："蜘蛛的活动与织工的活动相似，蜜蜂建筑蜂房的本领使人间的许多建筑师感到惭愧。但是，最蹩脚的建筑师从一开始就比最灵巧的蜜蜂高明的地方，是他在用蜜蜂建筑蜂房以前，已经在自己的头脑中把它建成了。劳动过程结束时得到的结果，在这个过程开始时就已经在劳动者的表象中存在着，即已经观念地存在着。"（资料来源：马克思. 资本论[M]. 北京：人民出版社，2004：208.）

2. 概括性

德国哲学家康德曾说：想象力是一个创造性的认识功能，它有本领从真正的自然界所提供的素材里创造出一个想象的自然界。德国气象学家魏格纳偶然在地图上发现，在大西洋两岸、非洲西部的海岸线与南美洲东部的海岸线正好吻合，于是魏格纳想象它们原本是连在一起的，只是后来由于天体的引力和地球自转所产生的离心力，使它们逐渐漂移分开。由此，他提出了"大陆漂移说"。在我国"龙"是吉祥高贵的象征，其实"龙"是人们想象的产物，是蛇身、蜥腿、鹰爪、蛇尾、鹿角、鲤鳞等的复合体。可见，形象思维是具有独特概括性的一种思维形式。

3. 超越性

想象思维反映了个体通过对已有表象加工、处理、整合，创造出新形象的过程。想象以记忆表象为基础，但它不是记忆表象的简单再现。想象思维把记忆表象中的各个要素纳入一个新的联系中，充分发挥自己的主观能动性，建立起新的完整的形象。就像我们经常说艺术来源于生活，又高于生活一样，想象总是超越现实的。

【案例】家书

有个商人在外做生意。他的同乡要回家，于是他就托同乡带100两银子和一封家书给妻子。同乡在路上打开信一看，原来只是一幅画，上面画着一棵大树，树上有8只八哥，4只斑鸠。同乡大喜：信上没写多少银子，我留下50两，她也不知。

同乡将书信和银子交给商人妻子以后，说："你丈夫捎给你50两银子和一封家书，你收下吧！"商人妻子拆信看过后说："我丈夫让你捎带100两银子，怎么成了50两？"那同乡见被识破，忙道："我是想试试弟媳聪明不聪明。"忙把那50两银子交给了商人的妻子。

商人妻子怎么知道是100两银子的呢？原来那幅画上写的意思是：8只八哥代表八八六十四，4只斑鸠代表四九三十六，合起来是100，所以商人妻子知道是100两银子。

（三）想象思维有哪些类型？

想象是非常普遍的一种思维形式。按是否受主体意识的支配，可以分为无意想象和有意想象。无意想象是事先没有预定的目的，不受主体意识支配的想象。许多无意想象是随性而发的，如我们看到山体会想象成人体或鸟兽；看到沙漠会想到大海；看到年迈老人会想象自己未来的样子等。无意想象可以触发灵感，但无意想象不能直接创造出新的事物，必须借助有意想象。有意想象是事先有预定的目的的，受主体意识支配的想象。它是人们根据一定的目的，为塑造某种事物形象而进行的想象活动，这种想象活动具有一定的预见性、方向性。有意想象又可分为再造型想象、创造型想象和幻想型想象。我们重点介绍这三种类型的有意想象。

1. 再造型想象

再造想象属于感性想象，它是根据回忆过去感知过的事物的表象，通过感官接收到的信息（图样、图解、符号、语言、景象等）在头脑中形成事物的映像。这种映像可以是曾经存在于主体脑海之中的，也可以是主体虽不曾见过，但是实际生活中客观存在的事物。例如，虽然我们没有去过马尔代夫，但同样可以根据别人介绍、图片资料等来领略该地的海域风光。再如，我们可以通过阅读小说、诗歌等想象出人物的形象和场面。上文《家书》案例中也是一个再造想象过程，商人并没有直接告诉妻子捎回多少钱，妻子触景生意，想象出丈夫要表达的含义。

2. 创造型想象

创造想象属于理性想象，它不依赖于现成的描述，而是根据一定的目的、任务而独立创造出新的想象表象的过程。创造型想象的内容也来源于客观现实，但并不停留在现实，而是在思维的自由驰骋中，突破知识和经验的框框，创造出一个新的形象。

【案例】安吉零碳星球度假村

在浙江安吉，有一个与众不同、酷似外星球的度假村。随着安吉零碳星球度假村的落成，我们终于有机会揭开它的神秘面纱，零距离感受它与传统度假村截然不同的生活体验。它坐落于浙江安吉山川大里山。山与水之间，一颗颗圆形的精致建筑坐落其中，这是神话的缔造者，像是地球最后一个大自然的奇迹。这是一个可持续发展的生活方式、一颗关爱大自然的心、一颗关爱我们的家人和朋友的心。这里是一个展现未来生活方式的实验室，每个房间都配备了最新的智能家居技术，只要通过手指触摸就能控制空调、电视、灯、窗帘和更多你能想象到的东西。当你离开后，房间还知道何时应该节省能源；在你回来前房间会变得更加舒适。一切是多么不可思议。

3.幻想型想象

幻想是想象思维的一种特殊形式，是与思维主体的生活愿望相结合，并指向未来的想象。就像巴尔扎克所说："想象是双脚站在大地上行进，他的脑袋却在腾云驾雾。"幻想是对未来的一种向往和憧憬。幻想是对未来的期待，表达了主体的美好愿望。但任何一种愿望都需要基于生活实际需要，符合一定的客观规律，如果我们合乎规律地幻想未来就是一种美好的幻想，即理想；反之，如果我们脱离了实际，违背了客观规律，这种幻想就会成为泡影，即空想。如目前大家都非常注重保健，期望延长生命，提高生活质量，这是美好的理想；但如果期盼长生不老，生命永存就是空想了。同样，提高设备动力及持续力是理想；但"永动机"违背能量守恒定律，只能是空想。

幻想和创造型想象既有区别，又有联系。幻想创造出的形象，总是和主体的愿望相联系，体现个人的期望值；而创造想象所形成的形象则不一定是个人所向往的形象。幻想指向未来，不能创造出当前产品，创造型想象则聚焦当下，是马上可以发生或实现的。但幻想又常常是创造性活动的准备阶段。

音乐家西贝柳斯说："想象是生命的绿洲。""对我们人类来说，无论是谁，都应该最大限度地利用上帝所赋予的想象力。想象是我们的至高无上的朋友。"想象可以帮助我们突破时间和空间的限制，可以立足现实放眼未来，可以创造出新颖奇特的产品，也可以憧憬未来美好的愿望。想象是创新的力量之源，我们应该永远保持孩子般"天真"的想象力，并充分发挥和利用这种想象来持续创新。

四、体验创造 放飞心灵：创新实践

任务一：请以小组为单位，为一家以亲子为主题的民宿，设计系列活动项目。要求：列出活动名称、内容、步骤、所需条件等。

任务二：以物联网、人工智能为背景，想象未来20年我们的生活会是什么样子。要求至少要涵盖工作、生活、休闲活动三个方面。

五、八仙过海 各显神通：案例分析

【案例】雷诺兹与他的圆珠笔

密尔顿·雷诺兹出生于美国的明尼苏达州，他当过汽车修理工，做过建材生意，制造过股票报价板，但是都以失败而告终。后来，雷诺兹生产"海报印刷机"，积累了一些钱。1945年，雷诺兹到阿根廷旅行，无意中发现了一种新奇的产品，就是"圆珠笔"。这种笔早在1888年就被发明出来，并获得了专利，后来有许多人不断地进行改进，取得了各不相同的特殊外形设计专利，但是销路不好。雷诺兹见到这种圆珠笔之后，就拿定主意要对它进行改进、制造并大力推广。他凭直觉认定，这是一种能够横扫全美国的东西。它低成本、高利润，是最佳的节日礼品，人人都有可能购买一次，很容易普及。雷诺兹回到美国，立即找到一位懂技术的工程师，共同合作改良这种新玩意。

在一个下着雨的晚上，雷诺兹坐在一个酒吧间里，在一张湿报纸上用自己的新产品信笔涂写。忽然，他发现圆珠笔可以在潮湿的纸面上写字，这是任何钢笔都无法做到的。雷诺兹非常兴奋，他干脆把一张纸放在水盆里，用圆珠笔在水中的纸上画出了一条清晰的线。雷诺兹灵机一动，构想出一句响亮的广告语："它能在水中写字。"据后来的专家估计，仅这句新颖的广告语所产生的效益，就达上百万美元。紧接着，雷诺兹开始了近乎疯狂的推销活动。他带着仅有的一支样笔，到纽约的"金贝尔"百货公司推销，并当场表演，引起了他们的极大兴趣，当即订购了 2500 支。这种制造成本只有 0.8 美元的东西，零售价竟定在 12.5 美元。雷诺兹的理论是："就新奇产品来说，价格越高，销售越好。"

1945 年 10 月，"金贝尔"开始销售这种"原子时代的奇妙笔"。由于事前的宣传工作十分有效，使得顾客的反应令人吃惊，震动了整个零售界。成千上万的购买者如潮水般涌来，百货公司不得不请了 50 名警察来维持秩序。据新闻报道说，当时的情景"几乎像是一场暴动"。雷诺兹总是接到订单之后才组织生产，尽管他立即扩大了生产规模、采购了大量原料、招聘数百名员工（其中甚至包括专门的点钞员），可还是不能应付全国各地的需求，订单像雪片似地纷纷而来。几乎每一家商店都想销售这种新产品，出现了专门为了销售这种圆珠笔而新成立的商场。为了进一步扩大自己产品的影响，雷诺兹无事生非地向联邦法院递交诉状，指控两家最大的制笔公司违反了"反托拉斯法"，要求他们赔偿 100 万美元。但是，这项证据不足的指控很快受到两家公司的反指控，结果，所有这些控告最后都不了了之。实际上，这场"官司"不过是雷诺兹所精心策划的一项宣传创意而已。通过法庭的辩论和报纸的大肆渲染，雷诺兹的圆珠笔终于达到了家喻户晓的地步。

可以想象，在这种匆忙上马、大量制造的情况下，当然避免不了会出现产品质量上的问题。成千上万支粗制滥造的雷诺兹圆珠笔被退回工厂，其中有的漏水，有的跳字，有的干脆写不出任何字迹。面对这种情况，雷诺兹则公开宣布，出现任何质量问题都可以退货和换货。这场持续数月的销售旋风所带来的利润是极为丰厚的。在短短半年的时间里，雷诺兹先期投入的 2.6 万美元，已经产生了超过 155 万美元的税后利润。在这种高额利润的引诱下，不到一年，生产圆珠笔的厂家超过 100 家，圆珠笔的价格日见下跌。在这种情况下，雷诺兹策划了一项新创意。他购买了一架已经退役的"道格拉斯"轰炸机，聘请了两位有丰富飞行经验的驾驶员和工程师，由他自己担任"领航员"。他们准备打破环球飞行的世界纪录。雷诺兹把那架轰炸机命名为"雷诺兹弹壳号"。这个名字大有深意，因为他正准备推向市场的一种新式圆珠笔就使用这个名字。他们三人驾驶飞机，从纽约的一个机场起飞，朝东飞行，连续穿过欧洲、亚洲和太平洋，终于打破了那项世界纪录。这次飞行一共花费了 17 万美元，但是雷诺兹赚取得更多。当他接受人们欢呼的时候，"雷诺兹弹壳笔"借助环球飞行的东风，隆重上市。这种新型的圆珠笔再次一炮打响，销量像火箭般直线上升。三年后，雷诺兹见好就收，果断地卖掉了公司，离开了利润已经微薄的圆珠笔制造业。今天，市场上再也见不到"雷诺兹圆珠笔"。但是，一提起圆珠笔发展和普及的历史，人们总是想起雷诺兹的名字。

（资料来源：http://dept.xpc.edu.cn/cxcy/show.aspx?cid=143&id=600）

问题：请分析雷诺兹是怎样展开自己的想象思维，进行圆珠笔生产和营销的。

六、学有所得 延伸拓展：课后作业

请每位同学阅读马云创业经历，利用想象思维，畅想一下自己未来的人生历程。要求有时间节点，有较明确的事件，时间是从现在到未来的 20 年。

【案例】马云创业经历

马云 1964 年出生于杭州西子湖畔的一个普通家庭。

1982 年，18 岁的马云第一次高考失败下学谋生，先后当过秘书、做过搬运工，后来给杂志社蹬三轮送书。一次偶然的机会马云接触到路遥的代表作《人生》，这本书迅速改变了马云的思想，马云从书中体悟到"人生的道路虽然漫长，但关键处却往往只有几步"，遂下定决心，参加二次高考。

1983 年，19 岁的马云二次高考依然失利，总分离录取线差 140 分，但受《排球女将》永不言败的精神激励，准备参加第三次高考，因为家人反对只得白天上班，晚上念夜校，但决心永不放弃。

1984 年，20 岁的马云第三次高考艰难过关。他的成绩是专科分数，离本科线还差 5 分，后因学校本科专业招生未招满，马云被调配到外语本科专业，捡了个便宜，跌跌撞撞进入杭州师范学院。

1988 年，24 岁的马云大学毕业后进入杭州电子科技大学当英语老师。

1994 年，30 岁而立之年的马云开始创业，创立杭州第一家专业翻译社——海博翻译社。

1995 年，"杭州英语最棒"的马云受浙江省交通厅委托到美国催讨一笔债务。结果是钱没要到一分，却发现了一个"宝库"——在西雅图，对计算机一窍不通的马云第一次接触互联网。刚刚学会上网，他竟然就想到了为他的翻译社做网上广告，上午 10 点他把广告发送上网，中午 12 点前他就收到了 6 个 E-mail，分别来自美国、德国和日本，邮件中说这是他们看到的有关中国的第一个网页。马云当时就意识到互联网是一座金矿，开始设想回国建立一个公司，专门做互联网。马云萌生了这样一个想法，把国内的企业资料收集起来放到网上向全世界发布，他立即决定和西雅图的朋友合作，一个全球首创的 B2B 电子商务模式，就这样开始有了创意，并起名"中国黄页"。

回国当晚，马云约了 24 个朋友，给他们介绍互联网创业之事，结果 23 人反对，只有一个人说可以试试。马云想了一个晚上，第二天早上还是决定干。

1995 年 4 月，31 岁的马云投入 7000 元，又联合妹妹、妹夫、父母等亲戚凑了两万元，创建了"海博网络"，"海博网络"从此成为中国最早的互联网公司之一，产品就是"中国黄页"。

1996 年，32 岁的马云艰难地推广自己的中国黄页，在很多没有互联网的城市，马云一律被称为"骗子"，但马云仍然像疯子一样不屈不挠，他天天都这样提醒自己："互联网是影响人类未来生活 30 年的 3000 米长跑，你必须跑得像兔子一样快，又要像乌龟一样耐跑。"然后出门跟人侃互联网，说服客户，业务就这样艰难地开展了起来。

1996 年，马云的营业额不可思议地做到了 700 万！也就是这一年，互联网渐渐普及了。

1996 年 3 月，马云不得已和杭州电信合作，马云的中国黄页资产折成 60 万，占 30% 股份，杭州电信投入 140 万人民币，占 70% 股份。后因经营观念不同，马云和杭州电信分道扬镳，放弃了自己的中国黄页，并将自己拥有的 21% 的中国黄页股份，全数送给了一起创业的员工。

这是马云创业生涯中的第一次失败，这一年，马云 33 岁。

1997 年，马云离开中国黄页后，受外经贸部邀请，加盟外经贸部新成立的公司，中国国际电子商务中心（EDI），由马云组建、管理，马云占 30% 股份，参与开发了外经贸部的官方站点以及后来的网上中国商品交易市场。在这个过程中，马云的 B2B

思路渐渐成熟，即"用电子商务为中小企业服务"，连网站的域名他都想好了——"阿里巴巴"。互联网像一个无穷的宝藏，等待人们前去发掘，就像阿里巴巴用咒语打开的那个山洞。

1999年，35岁的马云受够了在国有企业做事条条框框的束缚、磕绊与畏首畏尾，不甘心受制于人的马云推辞了新浪和雅虎的邀请决心南归杭州创业，团队成员全部放弃其他机会决心跟随。

这是马云遭遇的人生第二次创业失败。

1999年2月，马云在杭州湖畔家园的家中召开第一次全体会议，18位创业成员或坐或站，神情肃穆地围绕着慷慨激昂的马云。马云快速而疯狂地发表激情洋溢的演讲："黑暗中一起摸索，一起喊，我喊叫着往前冲的时候，你们都不会慌了。你们拿着大刀，一直往前冲，十几个人往前冲，有什么好慌的？"在这次"起事"的会议上，马云和伙伴共筹了50万元本钱，并进行了全程录像，马云坚信这将有极大的历史价值。在这次会议上，马云说："我们要办的是一家电子商务公司，我们的目标有三个：第一，我们要建立一家生存102年的公司；第二，我们要建立一家为中国中小企业服务的电子商务公司；第三，我们要建立世界上最大的电子商务公司，要进入全球网站排名前十位。"从这天开始，马云开始铁下心来做电子商务。

尽管只有50万元的创业资金，但马云首先花了1万美元从一个加拿大人手里购买了阿里巴巴的域名。他们没有租写字楼，就在马云家里办公，最多的时候一个房间里坐了35个人。他们每天像野兽一般在马云家里疯狂工作16～18个小时，日夜不停地设计网页，讨论网页和构思，困了就席地而卧。马云不断地鼓动员工，"发令枪一响，你不可能有时间去看对手是怎么跑的，你只有一路狂奔"，又告诫员工"最大的失败是放弃，最大的敌人是自己，最大的对手是时间"，阿拉巴巴就这样孕育、诞生在马云家中。

1999年3月，阿里巴巴正式推出，直至逐渐为媒体、风险投资者关注，并在拒绝了38家不符合自己要求的投资商之后，于1999年8月接受了以高盛基金为主的500万美元投资，于2000年第一季度接受了软银的2000万美元的投入，从而由横空出世、锋芒初露，到气贯长虹、势不可挡，并逐步发展壮大为阿里巴巴集团、阿里巴巴帝国。

从1995年接触网络到1999年阿里巴巴问世，马云用了5年的时间，经历了2次失败才获得了第一阶段的成功。

马云的创业成功绝非偶然，那是智慧和勇气的结晶，那是信心与实干的结果，那是领袖与团队的无间合作。

（资料来源：https://baike.so.com/doc/1107452-1171802.html）

第❺节 SECTION FIVE
灵感思维

　　灵感是一种"来不可遏，去不可止"的顿悟，但灵感的产生并不是毫无规律可循，学习灵感思维就是要把握灵感产生的机理，善于引发和捕捉自己的灵感，实现自我超越。

一、心有灵犀 一点就通：启动思维

【活动】

1. 在下面等式中加一条线，使等式成立，你能办到吗？

5+5+5=550

2. 随便想一个数，加上 10，乘以 2，减去 6，除以 2，然后再减去你最开始想的那个数。结果一定是 7。为什么？

请给出答案的同学分享一下，你是怎样想到的。

二、跃跃欲试 脑力激荡：引导案例

【案例】饭店与厕所

某老板在国道边开了一家饭店，但开业以后非常不景气，眼看着众多车辆急驰而去，却很少有人光顾饭店。他开始思考为什么自己物美价廉的食品却不能招徕顾客呢？一天，老板非常欣喜地等来了一辆车，但这位司机只是借用厕所，并不用餐。司机的举动并没有给老板带来遗憾。他马上产生了一个想法并付诸行动：在饭店旁建起一个很好的厕所，并做了一个非常醒目的标志。这样，许多司机为了方便而停下车，同时也就光顾了饭店。这位老板从过往司机及同行人员方便的需求出发，做火了自己的饭店生意。

问题：每个人回想自己或身边的人曾经发生过的灵感案例，并分享给大家。

三、寻根问源 超越自我：知识链接

（一）什么是灵感思维？

灵感思维也称为顿悟，是在无意识的情况下产生的一种突发性的创造性思维活动。所谓顿悟，就是突然领悟、瞬间产生了一种新的想法。可见，灵感是人们思维活动中的质的飞跃。

灵感常常给人神奇、意外的惊喜，同时也容易被蒙上神秘的面纱。在历史上，神赐论者认为灵感是神所赐予人的神灵之气；不可知论者认为灵感扑朔迷离、恍惚莫测而不可知；天才论者认为灵感是天才人物的一种独特的素质。现代科学研究表明，灵感是大脑的一种特殊技能，是思维发展到高级阶段的产物，是人脑的一种高级的感知能力。正如钱学森所说："我认为现在不能以为思维仅有逻辑思维和形象思维这两类，还有一类可称为灵感。也就是人在科学和文艺创作的高潮中，突然出现的、瞬息即逝的短暂思维过程。它不是逻辑思维，也不是形象思维，这两种思维持续的时间都很长，以致人们所说的废寝忘食。而灵感时间极短，几秒钟而已。总之，灵感是又一种人们可以控制的大脑活动，又一种思维，也是有规律的。"实践证明，灵感并不是"天才人物"的专利，每个人都会有灵感，工作及日常生活中我们经常会灵感迸发，有些人经常记录和使用这些灵感，人们就会送给他悟性高、有灵气、高智商等美誉。

（二）灵感思维有哪些特点？

与其他思维形式相比，灵感思维具有以下特点。

1. 突发性

灵感思维是非线性的思维活动。有些问题，可能长期坚持不懈地努力想要解决而又解决不了，突然灵机一动，刹那间豁然开朗，解开谜团。灵感思维也可能是日常行为中，不经意间迸发出的一种新想法、新创意。无论怎样，灵感在时间上不期而至、突如其来；在效果上超乎想象，柳暗花明。

【案例】小区内遭抢

有个年轻的女士晚上在小区内遭抢，她突然大喊："着火啦！着火啦！"小区内的人纷纷跑出楼外或从窗上向外张望、询问。抢劫者迅速逃离。人们诧异地问她：为什么不喊抓贼？她说我突然想到如果喊抓贼可能有些人不敢出来或不愿意出来，于是顺口就喊着火了。

2. 偶然性

灵感不是凭空产生的，它是一个知识、能力、经验长期积淀的过程，博大精深的知识结构是灵感思维产生的深厚底蕴和广阔背景。但灵感的出现却有极大的偶然性，即时间、地点、条件等都是无法预料的。有时会有"有心栽花花不开，无心插柳柳成荫"的感觉。从这一意义上说，灵感是可遇而不可求的，它不依主观需要和希望而产生。

【案例】蛋卷冰淇淋的产生

那是在 1904 年，一个叫欧内斯特·汉威的小贩，获准在圣路易斯世界博览会上设摊出售查拉比饼。这是一种很薄的鸡蛋饼，可以同其他甜食一起食用。在他所摆的小摊的旁边，是另一个用小盘子卖冰淇淋的摊子。一天，他俩的生意都特别好。卖冰淇淋的小摊把盘子用完了，而小摊的前面还站着许多顾客，眼看就要失去赚钱的大好机会，把卖冰淇淋的小贩急坏了。欧内斯特·汉威也在一旁替他着急，一急之下，汉威灵机一动想出了一个办法。他把查拉比饼趁热时卷成一个圆锥形，等它凉了以后便用它来代替盘子盛冰淇淋，这一应急措施出乎意料地大受顾客们的欢迎，被人们誉为"世界博览会的亮点"。这就是蛋卷冰淇淋这一"老少皆宜"的可口食品的由来。

（资料来源：http://tool.xdf.cn/youlai/danjuanbingqilin1.html）

3. 模糊性

灵感是在无清晰主观意识下产生的，即它没有遵循常规逻辑思维过程而形成，且往往是闪现式的、稍纵即逝的一种思维火花。所以，灵感思维产生的程序、规则以及思维的要素与过程等都不是自我意识能清晰意识到的，而是模糊不清、"只可意会不可言传"的。

灵感经常在脑筋急转弯中运用。例如，有人养了 10 头牛，问为什么只有 19 只角？如按常规思维考虑，可能是某只牛断了一只角，但恰当的解释是"有一只犀牛"。这是非常规逻辑，因为犀牛不是牛，但由于"犀牛"这个概念中有个"牛"字，灵感思维就会把它模糊地列入范围之内。再如，问把冰变成水的方法是什么？答案是去掉"两点水"。突破常规逻辑后，就可以不从物质意义的冰考虑，而从文字符号的角度去思考问题。

（三）产生灵感思维有哪些方法

1. 问题搁置

当人们遇到难以解决的问题或难于攻克的难关，百思不得其解时，不要勉强，索性放下。可以尝试去研究和思考别的问题，或放松一下，去跑步，从事一项体力劳动等，使身体和注意力转移，但潜意识中难题还在。可能受某种因素刺激，也可能是突发奇想，往往在这个"不思考"的过程中，会无意中找到线索，完成久攻不下的任务。

2. 自由遐想

遇到需要创新的问题时，不要就事论事，自觉放弃僵化、保守、常规的思维习惯，有意识地放开思路，甚至异想天开。经过无数的不合逻辑的推理、组合，可能引发非常有价值的灵感。

【案例】吉利刀片

安全刀片大王吉利，未发明刀片以前是一家瓶盖公司的推销员。他从20多岁时就开始节衣缩食，把省下来的钱全用在发明研究中。过了近20年，他仍旧一事无成。

1985年夏天，吉利到保斯顿市去出差，在返回的前一天买了火车票。翌晨，他起床迟了一点，正匆忙地用刀刮胡子，旅馆的服务员忽然匆匆地走进来喊道："再有5分钟，火车就要开了。"吉利听到后一紧张，不小心把嘴巴刮伤了。

吉利一边用纸擦血，一边想："如果能发明一种不容易伤皮肤的刀子，一定大受欢迎。"这样，他就埋头钻研。经过千辛万苦之后，吉利终于发明了安全刀片。他摇身一变成为世界安全刀片大王。

（资料来源：瞧这网 http://h.795.com.cn/5e1ef5fb/a/16504.html）

3. 触类旁通

他山之石，可以攻玉。触类旁通往往需要思维主体广泛接触实际，且具有深刻的洞察能力，能把表面上看起来完全不相干的两件事情联系起来，进行内在功能或机制上的类比、联想、分析，从而获得解决问题的办法。

4. 急中生智

急中生智是指情急之中做出一些行为，且结果证明这种行为是正确的。车到山前必有路，有些问题久拖未得其解，与其空想，还不如实践。遇到真实问题、形成压力，反而能激发出好的方法。

【案例】巧用缺陷

詹姆士·杨原是新墨西哥州高原上经营果园的果农，每年他都把成箱的苹果以邮递的方式零售给顾客。

一年冬天，新墨西哥州高原下了罕见的大冰雹，眼见着一个个色彩鲜艳的大苹果变得伤痕累累，詹姆士心痛极了。他越想越懊恼，歇斯底里地抓起受伤的苹果就咬。忽然，他的动作停顿了，原来扭在一起的眉毛舒展开了，他发现这苹果比以前更甜、更脆，更多汁味美，但外表的确难看。"唉，多矛盾，好吃却不好看。"接下来的日子，他辗转反侧，夜不能寐。一天，他忽然产生了一个创意。

第二天，他开始实施自己的想法。他根据构想，把苹果装好箱，并在每一个箱子上附上一张纸条，上面这样写着："这次奉上的苹果，表皮虽然有点受伤，但请不要介意，那是冰雹造成的伤痕，是真正在高原上生产的证据呢。在高原，气温往往骤降，因此苹果的肉质较平时结实，而且还产生了一种风味独特的果糖。"

在好奇心的驱使下，顾客都迫不及待地拿起苹果，想尝尝味道。这一奇妙的创意不仅挽救了陷入绝境的詹姆士，而且为他赢得了大量专为此种苹果而来的订单。

（资料来源：http://www.tobacco.gov.cn/html/18/1804/834511_n.html）

5. 梦中灵感

似睡非睡的"假寐"状态是大脑最为放松的时候,此时的胡思乱想,有时会引发灵感。即使在梦中,也可能产生灵感,即大脑皮层整体处于抑制状态中,少数神经细胞兴奋进行随机活动而形成的戏剧性结果。如大家熟知的化学元素周期表就是梦中的灵感。但并不是所有人的梦都具有创造性的内容。梦中灵感,同样只留给那些"有准备的科学头脑"。

6. 见微知著

关注细节,从平常的小事、细枝末节中往往会发现重要的线索,产生灵感。这种方法要求思维主体不仅独具慧眼、善于观察,而且在观察时还要配上敏捷的思维。

【案例】橡皮头铅笔

美国佛罗里达州有位穷画家,名叫律薄曼。他当时仅有一点点画具,仅有一支铅笔,而且削得短短的。

有一天,律薄曼正在绘图时,找不到橡皮擦。费了很大劲才找到时,铅笔又不见了。铅笔找到后,为了防止再丢,他索性将橡皮用丝线扎到铅笔的尾端。但用了一会,橡皮又掉了。"真该死!"他气恼地骂着。

律薄曼为此事琢磨了好几天,终于想出主意来了:他剪下一小块薄铁片,把橡皮和铅笔绕着包了起来。果然,用一点小功夫做出来的这个玩意相当管用。后来,他申请了专利,并把这专利卖给了一家铅笔公司,从而赚得55万美元。

(资料来源:瞧这网 http://h.795.com.cn/5e1ef5fb/a/16504.html)

7. 另辟新径

思维主体在思维受阻时,及时转换思维路径,从不同的角度思考,有时会产生歪打正着的效果,获得灵感。

【案例】遭时尚圈嫌弃,另辟蹊径

"一战"时期澳大利亚飞行员用两块羊皮包裹在脚上御寒,就是UGG的原型。1995年,布莱恩将其卖给了Dreckers户外公司,UGG才正式出现在大众的视线中。

靴子很实用,但是对于这种看上去丑笨而且难以搭配的鞋,传统的推广模式显然是行不通的。既然没办法通过时尚圈领袖来引爆关注,Dreckers就将主意打到了明星身上。Dreckers先尝试性地将一双UGG给了当时因主演《海滩护卫队》而走红的女星帕米拉·安德森,更巧妙的是,还附送了一双UGG童鞋给安德森的小女儿。

舒适的脚感让安德森把 UGG 首先穿到女儿脚上，为了和女儿搭配亲子装，安德森也尝试穿了一次 UGG。它出众的保暖性和舒适性折服了安德森，人们从此便频频从八卦图片中看到安德森在拍摄现场穿着它。

首战告捷。之后，Dreckers 找来了一份专门为好莱坞明星服务的造型师的邮寄名单，挨个给他们寄免费的 UGG 靴子，越来越多的明星收到了 UGG 雪地靴。这些出现在电视秀、时尚杂志和八卦街拍杂志图片上的"外形古怪却被众多名人爱不释手"的靴子，便这样悄然影响着人们的穿衣潮流，受到越来越多人的追捧。

（资料来源：中国品牌网 https://www.chinapp.com/pinpai/152901）

8. 追踪记录

大脑中一旦有了灵感的火花，就要紧紧追踪，迅速将思维活动和心理活动同时推向高潮，争取形成较为完整的灵感信息，而且要迅速记录下来，否则灵感稍纵即逝。就像苏轼所言："作诗火急追亡逋，情景一失后难摹。"

灵感思维对任何人都是公平的，唯一的功利性是它更青睐善于日常积累和积极调动思维的人。灵感又是低成本的，我们几乎不需要投入经济成本，就可以产生灵感，但灵感本身可能有很高的价值。灵感是人类"采之不尽，用之不竭"的资源，只要你肯思考，你就会持续不断地获得灵感，而且越开发，灵感产生得越多。所以科学家们都特别推崇灵感思维。物理学家爱因斯坦指出，科学创造首先依靠直觉，而不是逻辑。哲学家们罗素也认为，逻辑思维只能用新的说法叙述一些在某些程度上早已为人们所知的东西，而灵感思维却恰恰相反，它常常让人们实现"智力上的跃进"，碰撞出创造性的火花。

四、体验创造 放飞心灵：创新实践

设计任务一：分小组讨论如何使我们所有楼房住户都兼有农村民居的特征。要求给出设计结论和灵感来源。

设计任务二：请为身边的超市、餐饮店等设计一款广告用语。

五、八仙过海 各显神通：案例分析

【案例】桐庐县乡村打造"牛栏咖啡""猪栏茶吧"

浙江在线丽水频道曾经刊发了这样一则新闻报道：

桐庐县乡村打造"牛栏咖啡""猪栏茶吧"的启示

浙江在线丽水频道　时间：2014-08-11 09:20:28

编者按：

桐庐,是我省乃至全国美丽乡村建设的"标杆"。桐庐打造美丽乡村有许多成功经验,而在发展乡村"美丽经济"上,更是有开创先河的创新之举。前不久,本报记者随丽水市党政代表团,赴桐庐学习考察,就看到了他们将现代生活方式与传统农耕文明成功嫁接的经营之策、成功经验。

潇洒桐庐郡,最美中国县。城美、村美、路美、水美……"最美"之名,名副其实。

与"最美"相匹配的,是桐庐人创新创业、勇立商海潮头的精神。这一点,从桐庐拥有诸如"中国民营快递之乡""中国出口毛衫制造基地""中国制笔之乡"等名号上可见一斑。

富有创新和探索精神的桐庐人,在美丽乡村建设上,凭借独到的视野和极佳的创意,对农村废弃的牛栏和猪栏进行了一番改造,将其打造成为咖啡馆和茶吧,起到了化腐朽为神奇的功效。此乃潇洒的"点石成金"术也!

古老房子,神奇化为新风景

农村的一些老房子、闲置的牛栏、猪圈,在新农村建设中总是让人很头疼,不少地方往往一拆了之。而在桐庐县江南镇荻浦村,却变成了新景点。在荻浦村,我们看到了这一道独特的风景。

牛栏还是那个牛栏，从外表看与原来没有质的区别，不过窗台上、门前摆满了鲜艳的盆花。墙体是卵石墙，屋顶是黑瓦片。仿古木头制作的"牛栏咖啡"招牌，质朴而有品位。

进到里面，顿时眼睛一亮，时尚的吧台、柔和的灯光、经典的背景音乐，别具一格的座位设计以及饰品点缀，渗透出来的竟是浓浓的异域情调，与整个建筑风格形成鲜明的对照。

入座后点上咖啡，服务生首先热情地送上当地的茶食：番薯条、炒黄豆、油鸡等等。记者发现，牛栏的内墙没有经过很大整修，除加固以外，应该是经过彻底的清洁，墙上有的地方还有洞隙透着风。客人坐里面，不仅可以品尝咖啡的芳香，还可以享受窗外的风景。

室外，夏日炎炎。室内，凉风习习，咖啡香气弥漫，温馨怡人。客人们点上几杯咖啡，闲话家常，店员们一边磨着咖啡，一边招呼客人，忙得不亦乐乎。

要是不细看这屋子的造型，真的很难想象这里原先竟然是个又脏又臭的牛栏。牛栏咖啡工作人员姚莎莎告诉记者，这家牛栏咖啡由一家旅游公司承包经营，某咖啡连锁店为这里提供设备和技术指导。

在村庄的另一头，我们见到了"猪栏茶吧"。"猪栏茶吧"的整体格调沿袭了"牛栏咖啡"的风格，两者有异曲同工之妙。不同的是，"牛栏咖啡"是单体建筑，"猪栏茶吧"是一个小小群落，比牛栏丰富了许多，装修做工也比"牛栏咖啡"精到。

走进"猪栏茶吧"，建筑基本保留了猪栏原有的石头墙，清洗消毒后进行喷漆保护，有的还保留着土墙，屋顶做了加固吊顶等处理。每间茶吧都装有空调、音响，角落适当摆放农村生活生产的老物件，加以点缀。

"猪栏茶吧"的内部装饰极具个性，每个节点都做了精细的刻画。照明的灯具采用竹编工艺灯，有"黄鳝笼""泥鳅笼""鸡罩"等造型，别具一格。摆件有汤瓶、腰子桶、豆腐架、石磨盘、竹编篮等，都是乡村生活中的老物件，连猪食槽都用作洗水盆。这些老物件都是就地取材，从当地村民中收集而来，看似普普通通，但摆在"猪栏茶吧"却恰到好处。

独特的风景，成为每一个前往桐庐考察参观者的"必看内容"，更吸引了上海、杭州等都市人的目光。他们慕名前来，端坐一隅，品味人生，体验一种"逃离都市"的生活。

"牛栏咖啡","牛"气从哪来

有人开玩笑说,但凡与"牛"沾上边的事物,就会散发出一种"牛气"。去年9月开门迎客的桐庐"牛栏咖啡",也是如此。

去年10月,全国改善农村人居环境工作现场会在桐庐召开,国务院副总理汪洋就来到这座"牛栏咖啡"馆里进行过考察。

新华社、《人民日报》等中央媒体也纷纷采访报道。今年2月15日,"牛栏咖啡"还登上了央视新闻联播。

"牛栏咖啡"的创意与示范效应,犹如一石激起千层浪,在全国美丽乡村建设过程中备受关注。特别是全国和全省美丽乡村建设现场会后,到桐庐考察美丽乡村建设,到荻浦村学习"牛栏咖啡"的参观考察者络绎不绝。

"牛栏咖啡"为什么能一炮走红?是什么使它显得如此之"牛"呢?桐庐县的文化名人周保尔认为,如此一个牛栏,可以说"土"得掉渣,与一个高端洋气的咖啡"联姻",这一土一洋,中西合璧,雅俗共赏,像个混血儿,美丽可看又聪慧实在。"'牛栏咖啡'能赢得社会各界高度关注和市场认可的效果,虽是意料之外,却在逻辑之中。"

"牛栏咖啡"的"牛"气,源自创意,源自工商资本投入,更迎合了都市人的审美需求。

江南镇党委副书记项芳农表示,桐庐的发展战略是立足绿色、生态,美丽乡村建设全覆盖是具体的抓手之一。发展乡村旅游,大力发展绿色经济,毫无疑问,目标客户是城市人群。那么,农村拿什么景观作为卖点,能让城市人群获得物有所值的愉悦体验呢?当然是农村田园风貌和乡土文化。

"显而易见,同质化、城镇化的公园不可能成为吸引主顾们的美丽风景,也就不可能被他们所认可。"周保尔分析道,"牛栏咖啡"的出现,引入工商资本和现代经营理念到乡村,迎合了都市人的休闲消费新观念。

对此,桐庐县委书记毛溪浩也表示,"牛栏咖啡"的成功,说明既要建设新农村,也要经营新农村;既要把新农村建设作为花钱的去处,更要作为致富的源泉。

"猪栏茶吧",飘出的文化香味

荻浦村的"猪栏茶吧",与"牛栏咖啡"邻近,被安置在一处石头屋猪栏群。茶吧临路而筑,前面是村中水塘"屠家塘",入口处已搭建起门台,布置了绿色植物,鲜花盛开,芬芳诱人。

"猪栏茶吧"开张的初衷,与"牛栏咖啡"密切相关。

去年 10 月，在外创业多年的荻浦村人申屠芳，回家探亲。眼见荻浦村越来越美，她萌发了回家乡创业的念头，只是一时找不准投资的项目。当她看到刚刚开业的"牛栏咖啡"馆时，眼前一亮：自己寻找的"投资项目"有着落了！

既然牛栏能改造成具有独特品位的咖啡馆，自己何不投资开一座"猪栏茶吧"呢？说干就干，在镇、村干部的帮助下，申屠芳投资 100 余万元，租下了农户 14 间闲置的猪栏屋，进行改造。镇干部项芳农亲自帮助规划设计，蹲点指导，更让她信心十足。

把又脏又臭又破旧的猪栏屋，改造成时尚、浪漫且具有独特品位的休闲茶吧，是一件很不容易的事。申屠芳穿起了旧衣服，包起了头巾，自己搬猪栏杂物。她每天与陈年猪屎味、蛛丝网、呛人的灰尘"战斗"，把苦和累全部抛到了脑后。当看到通过自己亲手改造，那些猪栏一天天发生"蜕变"时，她心里别提多美。

经过半年装修，申屠芳的"猪栏茶吧"于今年 5 月正式开业。那片破旧猪栏屋，已被她改造成了充满浪漫气息的"童话小屋"，就连六个包间一个大厅的名字，都充满了童话色彩，分别被命名为"快乐猪""好运猪""春江猪""幸运猪""灿烂猪""幸福猪"。

在"猪栏茶吧"里，有自制蛋糕、冰淇淋，还有花式、意式、美式甜点和各地名茶。开业后便受到了不同层次、不同年龄游客的喜爱。

进入茶吧区，你就会闻到一股浓郁的味道，这是茶的清香，更是农耕生活的原味，还有一种思乡的愁滋味。在"猪栏茶吧"里，客人能处处感受到乡土文化的气息，处处流淌着思乡味道：乡韵、乡情、乡愁。

"猪栏茶吧"里，保留了猪圈的原生态场景，猪食槽、猪食桶、瓢、稻草一应俱全。周保尔认为，对于跳出"农门"到城镇工作生活且上了年纪的人来说，猪栏、牛栏最亲切不过，往往会触景生情。而对于现在的小孩来说，当看到这些东西时显得格外好奇，成了他们的课外知识。

牛栏咖啡、猪栏茶吧，在乡村飘出了文化的香味，更引爆了乡村的"美丽经济"。

如今的荻浦村，多位外出能人纷纷回乡创业开民宿，村民们纷纷从乡村旅游中受益。过去，村里总共只有两家农家乐，如今很快发展到 20 余家，生意最好的一家一天接待游客 89 桌！

（资料来源：http://lstk.zjol.com.cn/06lstk/system/2014/08/11/018300769.shtml

作者：阮春生　编辑：丽水特快）

问题：牛栏咖啡和猪栏茶吧的经营者是如何产生灵感的，你从中受到什么启发？

六、学有所得　延伸拓展：课后作业

请结合自己的专业，主动深入企业，与企业合作开展一项产品、服务、营销或管理等的创新活动，写出书面方案。

4 第四章

创新思维工具

第一节 SECTION ONE

SWOT 分析

一、心有灵犀 一点就通：启动思维

你知道自己的长处吗？你知道自己的短处吗？面对工作生活，你知道如何做决定吗？能讲述一下你高考填报志愿时的心路历程吗？

二、寻根问源 超越自我：知识链接

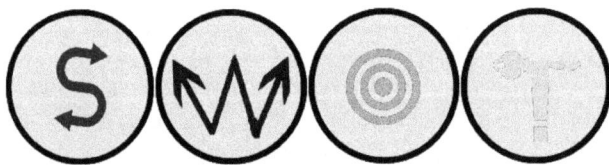

（一）SWOT 分析的内涵

1. 概念

SWOT 分析 (Swot Analysis) 也称道斯矩阵、态势分析法，是由哈佛商学院的 K. J. 安德鲁斯教授于 1971 年在其《公司战略概念》一书中提出的一种方法。它是通过调查，确认组织所面临的优势 (Strength)、劣势 (Weakness)、机会 (Opportunity) 与威胁 (Threats)，依照矩阵形式排列，并用系统分析的思维方式，把各种因素相互匹配起来加以分析，从中得出一系列相应的结论。其目的是通过对组织或个人所处的情景进行全面、准确的研究，系统比较和分析自己及竞争对手所处的环境和态势，从而确定组织或个人的战略定位，最大限度地利用其优势和机会，降低或规避其劣势与威胁，制订相应的发展战略、计划以及对策等。

2. 特点

SWOT 分析具有以下特点。

（1）认知清晰。进行 SWOT 分析是对组织现状和处境的一次清晰认知过程。通过这种方法可以让组织明确哪些是对自己有利的、值得发扬的因素；哪些是对自己不利的、要规避的因素；哪些是存在的问题，需要找出解决办法；哪些是机会，可以成为今后努力的方向。SWOT 分析可以把对问题的"诊断"和"开处方"紧密结合在一起，条理清楚，便于检验。

（2）系统思维。SWOT 分析利用矩阵方式对相关要素进行排列，并为矩阵的不同区域赋予了不同的意义，形成结构化的平衡系统和分析体系，具有系统性特征。通过这种分析，可以把问题按轻重缓急分类，也可以按战略和战术问题分类，进而把各种因素相互匹配起来加以分析，发挥优势因素，克服弱点因素；利用机会因素，化解威胁因素；立足当前，着眼未来。

3. 应用

SWOT 分析常常被应用于各类组织战略分析中。对于个人来说，同样可以利用这个工具模型，对自己进行分析，罗列自己的优势、劣势，身边的机遇和威胁，从而对自己当下境况有一个全面、系统和较为准确的认识，再根据结果制订相应的发展战略和计划。

（二）SWOT 分析步骤

1. 分析优势、劣势、机会、威胁 4 要素

结合行业背景、市场环境、自身发展态势、竞争对手等内外因素，准确分析组织或个人的优势、劣势、机会、威胁等要素，是进行 SWOT 分析的前提。下面以企业为例，对这 4 个要素做简要分析。

竞争优势（S）是指一个企业超越其竞争对手的能力，或指公司所特有的能提高公司竞争力的因素。例如，当两个企业处在同一市场或者说它们都有能力向同一顾客群体提供产品和服务时，如果其中一个企业有更高的盈利率或盈利潜力，那么，我们就认为这个企业比另外一个企业更具有竞争优势。

竞争优势包括以下几个方面。

- 技术技能优势：独特的生产技术，低成本生产方法，领先的革新能力，雄厚的技术实力，完善的质量控制体系，丰富的营销经验，上乘的客户服务，卓越的大规模采购优势；

- 有形资产优势：先进的流水生产线，现代化车间和设备，拥有丰富的自然资源储备，吸引人的不动产地点，充足的资金，完备的资料信息；

- 无形资产优势：优秀的品牌形象，良好的商业信用，积极进取的公司文化；

- 人力资源优势：在关键领域拥有专长的员工，积极上进的职员，很强的组织学习能力，丰富的经验；

- 组织体系优势：高质量的控制体系，完善的信息管理系统，忠诚的客户群，强大的融资能力；

- 竞争能力优势：产品开发周期短，强大的经销商网络，与供应商良好的伙伴关系，对市场环境变化的灵敏反应，市场份额的领导地位。

竞争劣势（W）是指某个企业缺少或做得不好的因素，或指某种会使企业处于劣势的条件。可能导致内部弱势的因素有：

- 缺乏具有竞争力的技能技术；

- 缺乏有竞争力的有形资产、无形资产、人力资源、组织资产；

- 关键领域里的竞争能力正在丧失。

潜在机会（O）是指那些可能与企业资源匹配，能使企业获得竞争优势或效益的有利因素。市场机会是影响企业战略的重要因素，企业应当挖掘和利用每一个机会。潜在的发展机会可能是：

- 客户群的扩大趋势或进入产品细分市场的可能性；

- 技能技术向新产品新业务转移，为更大客户群服务；

- 获得并购竞争对手的能力；

- 市场需求增长强劲，可快速扩张；

- 出现向其他地理区域扩张、扩大市场份额的机会。

威胁（T）是指企业外部环境中，对企业盈利能力和市场地位构成威胁的因素。企业应及时确认危及公司未来利益的威胁，对此做出评价，并采取相应的战略行动来抵消或减轻它们所产生的影响。

来自外部的威胁可能是：

- 出现将进入市场的强大的新竞争对手；

- 替代品抢占公司产品市场份额；

- 主要产品市场增长率下降；

- 汇率和外贸政策的不利变动；

- 人口特征、社会消费方式的不利变动；

- 客户或供应商的谈判能力提高；

- 市场需求减少；

- 经济萧条和业务周期的冲击。

企业在维持竞争优势过程中，必须深刻认识自身的资源和能力，采取适当的措施。因为一个企业一旦在某一方面具有了竞争优势，势必会吸引竞争对手的注意。一般来说，企业经过一段时期的努力，建立起某种竞争优势；然后就处于维持这种竞争优势的态势，竞争对手开始逐渐做出反应；而后，如果竞争对手直接进攻企业的优势所在，或采取其他更为有力的策略，就会使这种优势受到削弱。所以，企业应保证其资源的持久竞争优势。需要指出的是，衡量一个企业及其产品是否具有竞争优势，只能站在现有潜在用户角度上，而不能站在企业的角度上。

2. 构造 SWOT 矩阵

SWOT 分析不是仅仅列出 4 项清单，而是利用矩阵法系统分析和评估优势、劣势、机会、威胁 4 类要素，并进行组合分析，最终得出在公司现有的内外部环境下，如何最优地运用自己的资源和如何建立公司未来资源优势的基本结论。

从图 4-1 中我们可以看到：

首先，按内部环境和外部环境两个维度，列出优势（S）、劣势（W）、机会（O）、威胁（T）四个象限，使我们可以清晰地看到企业的现状和未来趋势，还可以做到知己知彼。

其次，依据矩阵，我们还可以进行适当的组合，得出不同的发展战略。其中包括：

SO 战略（增长型战略）：重点关注优势与机会，可能采用最大限度发展的战略；

WO 战略（扭转型战略）：重点关注劣势与机会，可能采用利用机会、回避弱点的发展战略；

ST 战略（多种经营战略）：重点关注优势与威胁，可能采用利用机会、降低威胁的发展战略；

WT 战略（防御型战略）：重点关注劣势与威胁，可能采用收缩和学习从而积蓄力量的发展战略。

上述 4 种战略为企业提供了可以选择的经营策略，为企业未来发展提供决策依据。

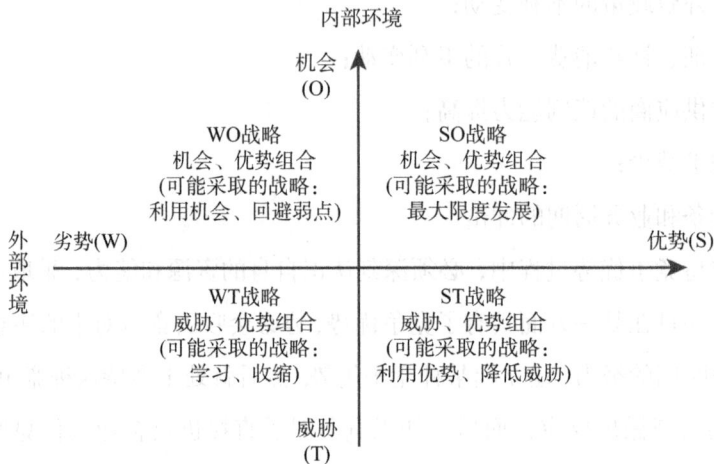

图 4-1　SWOT 分析矩阵

【案例】某炼油厂的 SWOT 分析（见表 4-1）

表 4-1　某炼油厂 SWOT 分析结果

企业内部环境 企业外部环境	内部实力 S 1. 研究开发能力强 2. 产品质量高、价格低 3. 通过 ISO9002 认证	内部弱点 W 1. 营销人员和销售点少 2. 缺少品牌意识 3. 无形投资少
外部机会 O 1. 产品需求增加 2. 产品需求多样化 3. 产业优惠政策	实力 + 机会 SO 1. 开发研制新产品 2. 继续提高产品质量 3. 进一步降低产品成本	弱点 + 机会 WO 1. 制定营销战略 2. 增加营销人员和销售点 3. 增加产品小包装
外部威胁 T 1. 进口油品广告攻势强 2. 进口油品占据很大市场份额	实力 + 威胁 ST 1. 通过研究开发提高竞争能力 2. 发挥产品质量和价格优势 3. 宣传 ISO9002 认证	弱点 + 威胁 WT 1. 实施品牌战略 2. 开展送货上门和售后服务

3. 制订行动计划

在完成环境因素分析和 SWOT 矩阵的构建后，企业就可以进行决策，并制订具体的行动计划。行动计划应坚持立足当前、着眼未来的原则，根据企业实际情况，做出合理的决策。在行动计划中，应明确具体的时间、步骤、措施、条件等相关因素，做到切实可行，有条不紊。

三、体验创造 放飞心灵：创新实践

如果你想竞选你所在学校（学院）的学生会主席，请用SWOT分析法对自己做一个全面的分析。

要求：

（1）列出各个相关因素；

（2）构建SWOT分析矩阵，提出对策；

（3）进行决策，并制订行动计划。

四、八仙过海 各显神通：案例分析

【案例】SWOT个人分析

1. 个人背景

基本情况：王某，女，1986年出生，2005年9月考入××大学经济贸易系电子商务专业，将于2019年7月毕业。

2. 内外部环境分析

1）内部环境分析

优势（Strengths）

* 生活态度比较积极，善于发现事物和环境积极的一面；

* 待人真诚，乐于与人交往和沟通，善于开导别人；

* 喜欢思考问题，有一定的分析能力，并有寻根究底的兴趣，一定要将事情想清楚；

* 有责任心、爱心，喜欢做相关的工作；

* 做事比较认真、踏实，有浓厚的学习兴趣和一定的实力，比如英语方面；

* 心思细腻，考虑问题比较细致；

* 逻辑性和条理性较好，有一定的书面表达能力。

爱好：喜欢能让自己静下心来的工作环境，能自己控制、安排的工作，跟人打交道的工作。

劣势 (Weakness)

* 竞争意识不强，对环境资源的利用不够主动，也就是与环境的交互能力不强；

* 口头表达有时过于细节化，不够简洁；

* 做事不够果断，尤其事前作决定的时候老是犹豫不决；

* 工作、学习有些保守，冒险精神不够，没有结合长远目标，创新能力有待提高；

* 组织管理人员的能力和经验欠缺；

* 做事有时拖拉，不够雷厉风行；

不喜欢：机械性重复的工作，没有计划没有收获的工作，应酬和刻意的事情。

2）外部环境分析

机会 (Opportunities)

* 就专业方面来说，现在是信息时代，通过网络能够获得的信息浩如烟海，对很多人来说，海量的信息只会让他们感到无所适从，而这也就产生了对信息进行辨别和查找的需求，因此从大的环境来说，这个专业方向是很有发展前景的；

* 加入世贸组织后，中国面临的国际化形势能给个人提供更多的机会，个人可以在更宽广的舞台展现自己的优势，英语作为国际交流的工具将发挥越来越大的作用，人们在网上开展国际贸易将成为一种趋势；

* 学院这个环境本身给我们提供了很好的硬件条件，使我们有机会参与一些科研项目，学以致用，可以积累更多的实践经验，同时有很多的机会与行业高层人士接触、交流，提高自身素质；

* 身边有很多优秀的同学，有很多向他们学习的机会，并且有构建良好的人际关系的条件。

威胁 (Threats)

* 国际化的环境同时也意味着国际范围的竞争和挑战，对个人素质要求也就更高了，对于英语来说，不能只满足于听、写，表达能力也至关重要；

* 距离毕业还有一年半的时间，离找工作只有一年的时间，找工作的时候并不是用人单位的用人高峰期，就业的机会不是很多；

* 优秀的人很多，而机会不一定是均等的，这时就不单单是知识的比拼，更是对个人发现机会、展示自己并把握机会能力的考验。

3. 分析未来的最佳选择

从事与专业相关的并且能很好地发挥与人沟通能力的工作，比如教育业、信息咨询行业等相关工作，既能跟个人爱好结合，又能有比较令人满意的待遇。

4. 分析现在应做的准备

如果要从事教育业，就有必要继续深造。但是，就个人而言，想先工作两年，多积累些经验，然后再去学习。因此制定方案如下。

首先，应主动与环境多进行交流互动，挖掘身边的资源和机会，多了解将来希望从事的职业。

再者，提高专业素质，提高英语口语表达能力。

另外，重视培养自己的表达能力和表现能力。所谓酒香也怕巷子深，只有专业技能还不够，还要能够积极地展示自己，这点在现代社会激烈的竞争形势下尤为重要。

（资料来源：https://wenku.baidu.com/view/23ec63d776a20029bd642d77.html）

思考：王某的分析是否得当，为什么？

五、学有所得 延伸拓展：课后作业

你了解真实的自己吗？请你根据自己所学专业以及自己的特长，为自己做一个求职面试的 SWOT 分析。

第**二**节 SECTION TWO

团队共创

一、心有灵犀 一点就通：启动思维

头脑风暴法由美国 BBDO 广告公司的奥斯本首创，该方法使团队成员在正常融洽、不受任何限制的气氛中以会议形式进行讨论、座谈，打破常规，积极思考，畅所欲言，充分发表看法。这一方法能够激发团队成员快速说出自己的想法或问题，能够创设一个自由、包容、创新、充满激情的交流环境。

【活动】请以小组为单位，以头脑风暴的方式，畅想 10 年后互联网将给我们生活带来的便利与弊端。

二、寻根问源 超越自我：知识链接

（一）什么是团队共创？

团队共创是一种新型的创新思维工具，它源于文化事业学会（Institute of Cultural Affairs, ICA）的研究实践过程，后来在企业被广泛推广和应用，备受青睐。

团队共创法也叫卡片法，它是在预设的架构下促使大家充分思考的一种创新活动。团队共创使大家平等地围坐在一起，使用卡片表达各自的主张，再通过交流、分类、提炼、形成结构和方案等环节，达到团队共同创新的目的。团队共创适用于共同的议题，如创业项目、管理体制、市场开发、技术难题等，它可以不受时间地点的限制，通过灵活便捷地沟通来达成创新共识。

（二）团队共创的特点及作用

1. 团队共创的特点

在管理和创新实践中，人们越来越发现仅靠一个人的智慧是不够的，我们经常会把大家召集起来，开"诸葛亮会议"，即共同讨论和研究问题，但结果往往并不令人满意。正如许多企业领导经常抱怨的一个问题：不是我们不民主，而是民主讨论得不到满意的答案，浪费了大量时间后，还是领导拿主意。为什么会出现这种情况？一般包括以下三个方面的原因。

（1）习惯性防卫。在创新实践中，需要集体讨论的问题往往是方向性、全局性、关键性的问题，人们难以在以往的经验中寻找现成的答案。因此，部分人虽然萌生了新的想法，但担心自己观点的可行性，担心受到批评、反驳而受窘，所以他们不愿触及问题的实质，宁愿选择沉默寡言。

（2）从众行为。有些人虽然有自己的观点和判断，甚至明知别人的观点是错误的，但不愿意与大家作对，从而主动放弃自己的观点。有时也会受领导、权威人士、强势人士的观点影响而放弃自己的见解。

（3）导向不明确。有时讨论场面异常火爆，但经过争执后跑题，没有清晰的脉络，最终无法形成结论性意见。

可见，团队创新需要大家围绕既定的目标和方向，充分调动各自的创新思维，在避免干扰、相互启发、不断完善的思维活动中达成共识。团队共创主要有以下三个特点。

（1）每个人独立思考，充分表达自己的观点，避免受到他人的影响。同时，由于采用可视化的方式，能使每个人对自己观点进行认真的审视，避免随意性。

（2）相互交流，取长补短，在尊重和倾听的基础上，不断完善自己的认识。

（3）根据问题的性质，选择适合的结构框架，聚合思维，形成一致的意见。

2. 团队共创的作用

团队共创是促动技术的一种，它能使团队成员在一种积极、开放的氛围中围绕主题讨论，通过头脑风暴等方式，对目标达成一致。团队共创鼓励大家把自己的想法、情绪都表达出来，形成团队智慧。最后形成大家都认可的团队计划，每个人都是团队不可缺少的一员，在过程中激发每个人的创造力、想象力和主动学习、表达的意愿。团队共创主要具有以下作用。

（1）有效激发团队成员的创意和创新能量。团队成员在充分尊重的基础上，有序地思考、交流，每个人的意见都能得到有效利用。

（2）建立共享的责任感。团队成员参与其中，形成整合的思维，把个体的智慧与团队智慧有效地结合在一起，形成利益共同体，建立起共享的责任感。

（3）达成共识，促进行动。通过对发散思维的结构性整合，形成共识，明确目标、方向、层次、紧要程度等，便于团队采取行动。

（三）团队共创的实施步骤

1. 材料准备

进行团队共创之前，先要准备充分的材料，主要包括：

（1）适合的空间。空间应满足团队成员围坐、走动的需要，空间内应有可利用的墙面或较大的张贴板。

（2）足够的纸张和彩笔。每个团队应至少配备 1 张卡纸，用来整理结构框架图；充足的便利贴（或 A5 纸），便利贴应具有多种色彩，主要用来发表个人的观点或结论；彩笔用来书写观点和记录迸发的灵感。绚丽的色彩和温馨的环境可以刺激我们的右脑，辅助左脑的逻辑思维，激发创新思维。

（3）适量的桌椅。桌椅配置要满足团队成员围坐一圈的要求，数量根据团队人员数量确定。

2. 组建团队

（1）根据需要选择参与人员，组建共创团队，共创团队人数一般在 4～10 人。

（2）明确共创对话主题，主持人要对本次共创主题进行说明，确保每个成员都明确核心问题及共创的必要性和紧迫性。一般有 20 个以上答案的问题都可以是主题；主题一般以"什么"和"如何"等开放式的问题开始；将主题写在显眼的位置，让每个人随时都可以看见；可以采用多种颜色，标明主题的关键词。

（3）小组成员自我介绍，每个团队成员自我介绍身份、背景及与共创主题的关系。

（4）确认参与者是否理解主题。

（5）主持人讲解会议纪律、角色分工和讨论规则。主持人通过必要的话术，强调会议纪律，其中主要包括独立思考、不争论、不反驳、倾听、充分表达、持续聚焦、避免一言堂、提出切实可行的建议等。主持人应保持中立态度，参与者以主人的身份积极参与。

主持人可采用的话术如表 4-2 所示。

表 4-2　主持人话术

开场白	话术
邀请	"欢迎大家参加这次主题研讨，希望通过每个人在团队共创过程中的积极参与，使我们可以从更多的角度思考今天的主题，并有效地达成共识。"
背景说明	说明共创的原因、项目来源及和小组成员的关系，以及为什么马上需要进行共创。 "这次我们研讨的主题是……（核心问题）""关于这个主题我们现在的状况是……，如果不立刻解决，将会影响到……（背景原因）"
共识	确认参与者是否理解，澄清主题。 "关于这个问题大家是否有不明白的地方？""问题中的概念谁来解释一下？""有没有不一样的理解……（共识）"
预防反对	"相信对这个主题大家有很多不一样的看法，将来我们可以再找时间研讨，今天把主题集中在……"
规则讲解	"为了让研讨高效地进行，我们讨论应遵循的原则是……""我的角色是……；你们的角色是……（明确会议纪律、角色、分工）"
结束语	感谢参与，确认成果，推动实施

3. 个人头脑风暴

（1）分发给每个人 4 ~ 6 张卡片；

（2）一张卡片只能写一条能回答核心问题的具体观点；

（3）卡片按统一格式书写，字迹清楚，字号足够大；

（4）建议每条字数控制在12字以内，不要使用缩写；

（5）建议应是切实可行的。

个人头脑风暴过程中，应遵循以下思考原则。

- 影响圈原则：选择凭借自身能力可以完成的、有资源的、可以掌控的、可以影响成败的策略。

- 定位原则：团队的时间、人员、精力都是有限的，策略应该聚焦关键行动，而不是发散的。

- 快速获胜原则：首选所得利益大又容易执行的；暂时搁置所得利益少又不容易执行的、浪费时间的策略，选择所得利益虽少但容易执行的、能够快速获胜的策略；将所得利益大但不容易执行的策略列出以供讨论。

- 创新原则：鼓励创新的策略。

4.小组头脑风暴

（1）以小组为单位，每人分享各自记入卡片的观点与建议；

（2）在倾听反思的基础上，每人选出自己认为对核心问题最重要的、最关键的观点。

（3）小组选出最重要、最关键的观点。

小组头脑风暴中遵循以下原则。

- 三不原则：不自谦、不批判、不阻拦；

- 量多原则：数量越多越好；

- 记录原则：把所有的想法记录下来；

- 借力原则：可以在他人想法的基础上继续提出新的想法；

- 平等原则：参与人员一律平等。

5. 组织分群

（1）在主持人的带领下，对每人重要的卡片进行分类，并张贴在展示墙（板）上；

（2）参与者对剩余卡片进行分类，沿重要卡片分类方式进行张贴，如果个人认为自己卡片观点是上述分类不能涵盖的，可以单独一列张贴；

（3）整理分类，在主持人带领下对分类进行整理，对分错类的卡片进行调整；

（4）处理"孤儿"，对于单独成列的"孤儿"卡片，首先由卡片主持人充分阐述理由，如大家认为与其他列相似，可将其归入其他列；如大家认为是一个好想法，则全体参与人员再补充一条类似的与其归为一类；如果大家公认是没有必要的，则放弃这一张卡片。

（5）将卡片控制在 4 ～ 7 列。

6. 群组命名

为每一列卡片提炼关键词。可以从最长的一列开始逐渐提炼关键词，关键词一般不超过 6 个汉字，且不可以和该列任何一张卡片完全一样。关键词记录在该列最上方的卡片上，并可用画框做区分。所有关键词确定后，由主持人带领大家核实一遍，以加深认识，同时主持人要积极观察参与者的表现，确保每个人都要参与。出现分歧时，要尊重原创，首先探寻提出者背后的真实想法，不要急于投票决策。

7. 赋予结构意义

认真分析关键词与主题之间的逻辑关系，共同讨论各关键词在结构图中的位置。应根据主题的性质选择适合的结构模型，如可按重要/紧急程度进行排序（见图 4-2）、按靶心结构排序（见图 4-3）等。

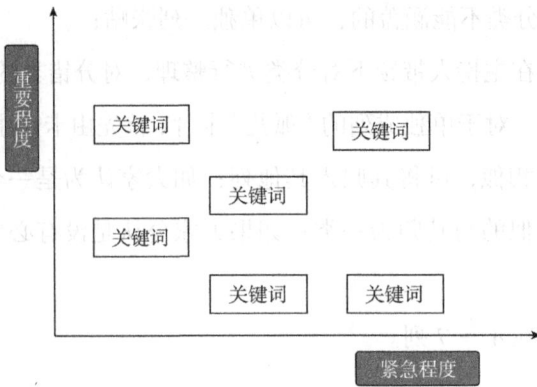

图 4-2 按重要 / 紧急程度排序

图 4-3 按靶心结构排序

8. 制定行动方案

根据团队共创的成果，制定下一步行动方案，促进成果落地。行动方案要包括具体的目标、所需的资源、行动步骤与时间等。

三、体验创造 放飞心灵：创新实践

在当今通信如此发达的时代，智能手机的出现确实给人们带来了很大的方便，同时对每个人的生活产生了很大的影响，例如现在出现了越来越多的"手机控"。"控"出自日语"コン (kon)"，取 complex(情结) 的前头音，指极度喜欢某样东西的人。手机控就是有手机情结的人。他们总把手机带在身边，否则就心烦意乱，就会感到不适应。经常会下意识地寻找手机，不时查看，总有"手机铃声响了"的幻觉，甚至经常把别人的手机铃声当成自己的。当手机无法连接网络、收不到信号时，脾气也变得急躁。而这一群体，在学生中比例突出，已经严重影响到学业，甚至扰乱了正常的课堂教学。

任务：以小组为单位，思考如何有效解决课堂上出现的"手机控"问题?

四、八仙过海 各显神通：案例分析

【案例】任店长利用团队共创法解决困扰门店的难题

N 连锁酒店是一家有着 20 多家分店的知名企业。任红的分店位于被称为"中国好莱坞"及"中国红木家具之乡"的横店镇。分店生意不错，业绩在集团内部位居前列。但同时她也有一些隐隐的担心：门店的员工多数是来自周边农村的"90 后"，工作积极性不高，容易因琐事离职。由于离职率偏高，门店宣传、提升入住率等任务都落在任红一个人身上，这让她感到疲惫不堪。任店长向各部门负责人和核心员工发出会议通知，邀请大家来参与一次"如何提高门店知名度"的团队共创。

会议开始，任店长一改以往长篇大论的做法，先就会议主题及目的进行说明，然后分享了现在公司各门店入住率水平、所处地理位置特征、同区域其他酒店的入住率水平。这些数据使与会者了解到：虽然门店在集团的整体排名靠前，但相对于同区域的其他品牌及无品牌酒店来说，入住率仍不高，有很大的提升空间。之后，任店长请大家谈谈在工作进展过程中发现的问题，通过归纳总结，发现主要集中在以下几个方面。

第一，周边小酒店数量多，价格便宜，且多数离景区很近。不少游客图省事就直接在它们中进行选择，很少有人注意到景区附近还有一家知名酒店的分店。

第二，员工工作技能有待提高。前台员工在接待的时候不能百分之百做到微笑服务，非前台员工见到客人很少打招呼。另外，令客人长时间等待的事情也时有发生。

第三，同周围其他酒店相比，除了有品牌优势之外，没有突出的特色服务。比如，其他酒店会设置健身房等，而本店只有基本的住房和早餐。

第四，本店员工离职率高，稳定性差，大家常常忙不过来，感觉压力很大。

接下来，任店长和大家一起确定了门店入住率提升的关键问题——如何提高门店知名度。任店长请助理用蓝色笔在一张事先画好的带红框、右下角有一个靶心状图标的 A3 纸上将该主题写出来，贴在事先准备的促动墙上。

接着，任店长将便利贴分给大家，请大家用 5 分钟的时间开展头脑风暴，并将思考结果写在便利贴上。每个便利贴上写 1 个，写 10～20 张。完成之后，任店长把大家分成 3 个小组，请大家在组内分享，并请每个小组选出 5 个最佳想法，分别写在 5 张 A5 卡片纸上。这 5 张卡片的写法要遵循一致的原则。首先，这几张卡片要横着放；其次，每张卡片只能写 1 个观点，且是小组成员达成共识的结果；再次，每个观点 12 个字左右，用彩笔书写，字要足够大，以保证贴到促动墙上之后，所有与会者都能看见。

另外，在大家讨论、书写想法的同时，任店长准备好 4 厘米左右长度的美纹纸胶条约 30 条备用。在确定大家都完成任务之后，任店长请每个小组找出"最希望立刻与大家分享"的两张卡片。

任店长拿到卡片后，一边念出纸上的文字，一边将卡片贴到墙上。贴完第 2 张准备开始第 3 张时，任店长说："一会儿我再念到的内容，大家如果认为表达了相近的意思，请说出来，我把它们放到一列上。"

在做分类排列的过程中，任店长没有加入个人的解读，也没有去引导大家卡片应该怎么排列，她仅仅念出卡片的内容，然后请大家自己去决定应该归入哪一列或是单独成列。

当所有卡片都"上墙"后，任店长发现他们排出了 8 列，而且有几列仅有一张卡片，于是她告诉大家："因为这是一趟'共识之旅'，所以不能出现'孤儿'，也就是一个卡片成列的情况。现在就让我们来看一下能否帮助每一个'孤儿'找到它可以去的'家'。"她逐张找到"孤儿"，念出上面的内容，并询问："大家认为它可以去哪一列？"大家重新思考后，为每张"孤儿"找到可以加入的那一列。但是，在为"推出特价房、限时房"这一张卡片归类时，大家出现了分歧。其中一方认为，这个想法应该和"开发会议室"等想法放在一列；另一方则认为应该和"添加有特色的装饰品"放在一列。双方谁也说服不了谁。

任店长请双方分别澄清自己的主张。一方认为，因为特价房、限时房的推出需要改变房间的设施，所以应该是与硬件相关的；另一方则认为，因为特价房和特色装饰品一样是为了招揽客人，增加客流量。弄明白了双方所持理由，任店长最后请想法的提出者小张讲一讲他写这个想法的原因，以及倾向于放在哪一列。小张想了想，说他想表达的倾向于招揽客人这方面，并说明了原因，大家也就理解并接受了。于是，"推出特价房、限时房"最终放在了"添加有特色的装饰品"那一列。

所有卡片成列后，任店长告诉大家，接下来即将进入提取中心词的环节，并从卡片最多的一列开始。解说完毕，她拿出一张画好红框的A5卡片纸，放在最长的一列卡片之上，并将此列卡片内容全部读了一遍，然后，请大家为此列卡片命名。命名之前，任店长向大家宣布了命名规则。

命名规则主要包括四个方面。第一，中心词能够回答主题，并涵盖该列的所有想法。第二，中心词在6个字左右。第三，如果回答诸如"如何"这样的问题，中心词需要有动词。第四，中心词不能与该列卡片中某一张完全相同，而需要涵盖其内容。最长一列完成之后，依次是次长一列……在完成所有列的中心词提取后，任店长给每一列标号。同一列的卡片纸上标记同样的数字，以方便之后整理时知道这些是同一列的。提取中心词如表4-3所示。

表4-3 提取中心词

1. 加大宣传力度	2. 硬件完善与维护	3. 扩大客源	4. 开创旅行社	5. 客户开发及维护
1. 通过邮件、微博等媒介提供优惠信息	2. 添加一些有特色的装饰品	3. 做一些景点介绍的宣传册	4. 开通自驾游	5. 发展本地客源和协议单位
1. 在景区投放宣传手册	2. 开发会议室	3. 举办活动，给予奖励，赠送礼品	4. 一天游横店，一天游磐安，改变旅游线路	5. 提升服务品质，微笑，做到客问即答，客未问即知客所问
1. 加强团购	2. 作为新开门店，去除装修上残留的气味，不让客人有不适感	3. 客人自己带朋友过来，房价优惠		5. 开发周边企业和机关客户，使其成为协议单位，并做好回访

（续表）

1. 加大宣传力度	2. 硬件完善与维护	3. 扩大客源	4. 开创旅行社	5. 客户开发及维护
1. 去景点进行宣传，让游客知道横店镇上有一家 N 连锁酒店	2. 增加客房内用品的种类	3. 添加一些有特色的装饰品		5. 开发固定客源（例如大厦办公区域的客源）
1. 利用网络媒介进行异地宣传	2. 开通数字电视	3. 推出特价房、限时房		
1. 到各个景点发放自己门店的宣传资料				

提取中心词完成后，任店长请大家讨论：我们可以创造一个什么样的图示来给我们的讨论成果赋予含义？经过讨论，大家决定用一棵大树来进行图示化，如图 4-4 所示。

图 4-4　大树图

前台的小张还为大家阐述了"大树图"的内涵：如果把"提升门店知名度"这个主题看作一棵树的话，树根，也就是基础的工作是"硬件的完善和维护"，因为不管你的服务有多好，如果硬件太差，客户也不会选择你；树干，也就是起作用最大的，应该是"加大宣传力度"；"扩大客源"和"客户开发及维护"应该是树枝，在有一定客户量的基础上会增加我们的营收；"开创旅行社"则是树叶，是在酒店发展特别好的情况下可以拓展的副业。

最后，任店长让大家决定愿意为哪个新想法的实施负责。后勤部的小陈领了"硬件完善与维护"，前台的小张领了"加大宣传力度"，餐饮部的小刘领了"扩大客源"，店长助理小郑则领了"客户开发与维护"。想法领完之后，其他人也报名参与到各个小组中，并打算立刻组织会议确定下一步该怎么去做。

（资料来源：https://www.jianshu.com/p/db88bdb43805）

任务：阅读案例后，请以小组为单位梳理任店长带领大家完成团队共创的步骤及注意事项。

五、学有所得 延伸拓展：课后作业

如果你们团队现在有十万元经费，请以"关爱留守儿童"为主题，用团队共创的方法策划出你们的行动方案。

第三节 SECTION THREE
世界咖啡

世界咖啡

提出你的想法与经验

聚焦

享受其中

共同聆听其中的模式、观点及更深层次的问题

慢下来

聆听与理解

连接各种想法

一、心有灵犀 一点就通：启动思维

【活动】选一个你最近困惑或苦恼的问题，请小组同学帮助出谋划策，然后分享解决方案。

二、寻根问源 超越自我：知识链接

（一）世界咖啡的起源

世界咖啡是由华尼塔·布朗（Juanita Brown）及伊萨克·戴维（Isaacs David）在 1995

年加州的一场集会上创立的。他们在山谷召开一场户外会议，邀请了来自 7 个国家的议员与科学家讨论某个主题，但发现开始下雨了，就将讨论移到了屋子里的卧室与会议室，分别摆上桌子、桌布、鲜花与小茶几，就这样开始讨论了。突然一个小桌的人想：我能不能去其他的桌，看看他们都交流了些什么？于是，开始就有人端着咖啡走动起来，整个氛围很轻松，走动交朋友，结果在会议完成之后，发现每个小组成果都包含了 7 个国家人员的想法，创造出了不可思议的结果。通过这次集会，华尼塔•布朗及伊萨克•戴维发现了一种新形式的集体智能汇集方式，后来他们称这种方式为"世界咖啡会谈"，也称为"世界咖啡""世界咖啡厅"。

"世界咖啡"在国际传播多年，美国德州坦帕湾科学公益博物馆、墨西哥公益事业全国基金会、沙特阿拉伯石油公司、惠普公司、新加坡政府高层都采用此种对话方式。

（二）世界咖啡的含义

世界咖啡是一种脑力激荡的讨论程序，是在一种轻松的氛围中，通过富有弹性的小团体讨论，真诚对话，产生团体智慧的讨论方式。它约定"异花授粉"的跨界交流机制，包容多元化背景，设置多轮次转换，是聚焦问题、激荡智慧、改善心智、促进创新的会议形式。

世界咖啡不是为了让参与者喝咖啡而聚集他们，而是一套很有弹性的实用讨论流程。它可以带动同步对话、分享共同知识、实现有效对话，能为焦点议题创造新的意义以及各种可能，甚至找到新的行动契机。世界咖啡也常常被当作构建学习型组织的基本方法，通过营造朋友聚会式的休闲氛围，让背景各异、观念不一，甚至素不相识的人围坐在一起，进行心无障碍的轻松交流和畅谈，让深藏的思想碰撞出火花，形成集体的智慧。

（三）世界咖啡的作用

世界咖啡通过营造轻松、平等、民主、和谐的沟通氛围和沟通方式，使参与者以一种全新的视角看待世界，全身心投入对话，可有效地冲破各种局限，摆脱传统研讨会单向传播的限制；还可以克服惯用的评判人的方式，使参与者从对个人风格、学习方式、权威地位及情感智商等关注中解放出来，形成智慧汇集的平台，吸纳来自各领域的多元观点，对世界产生新的想象。世界咖啡的作用具体如下。

1. 世界咖啡创设情感交流的空间

参与者在轻松愉悦的氛围里，在主持人的引导下，逐步放开自己，卸掉习惯性防卫，和同伴开展心与心的对话，在潜移默化中加强参与者的情感交流，进一步提升团队的凝聚力与向心力。

2. 世界咖啡构建共同学习的平台

世界咖啡倡导人人都是专家、大众教育大众的理念。参与者在主持人的引导下表达自己的思考、聆听他人的想法、沉淀集体的智慧、积极地向身边人学习，因为高手就在身边。参与者与主持人一起分享，相互学习，学习他人的优点，反思自己的不足，在共同学习中携手成长。

3. 世界咖啡促进团队共识的有效达成

参与者在主持人的引导下，积极发表自己的观点和看法，并包容各种不同的意见，探讨共同点。同时，整个过程都以团队的目标和成果为衡量依据，有效推动参与者求同存异，达成团队共识。

4. 世界咖啡激发创新创造

鼓励奇思妙想，倡导不受任何条件约束的胡思乱想，充分发挥每个成员的想象力和创造力，同时用集体的智慧不断优化、完善和改进，最后获得各类工作创新，甚至颠覆式的创造。

5. 世界咖啡促进问题的解决

一个问题往往是由很多因素造成的，一个人的思维总是有局限。一帮人在主持人的引导下，针对问题的解决贡献各自的智慧，并集体查漏补缺，探索解决问题的资源和可行性，从而得出解决问题的思路与策略。

（四）世界咖啡的应用原则

世界咖啡是一项在轻松、活跃的情境下，多人参与的活动。在活动中应遵循一定的基本原则，并以此来保证活动的质量和效果。

第一项原则：确定主题。为了开启成功的对话，必须先明确议题，并确保每位参与者对议题清晰明了，没有歧义，这是活动的前提。

第二项原则：创造热情友好的氛围。情境是激发情感和创意的重要因素，之所以选择世界咖啡这个名字，就是意味着在开放、轻松、舒适的环境下开展交流。因此，主办方需要在场地设计上下功夫，必须让参与者感到亲切、愉快、舒服、有安全感、敢于表达自己的观点。为营造这种情境，良好的灯光、轻柔缓慢的音乐、赏心悦目的海报、必备的甜点等都是不容忽视的因素。

第三项原则：鼓励每个人的投入和贡献。每桌只坐 4～5 人，要求所有人都要发言，鼓励所有参与者提出自己的观点，让每个人的声音都能被听见。主持人积极调动每位参与者积极投入讨论中。

第四项原则：吸收多元文化，接受不同观点。在开始对话后，要在不同的桌子之间更换座位、和陌生人交谈、大方提出彼此的观点，最终不同的观点被竞相提出，各种创意也同时出现。

第五项原则：共同讨论不同的模式、观点和深层次的问题。参与者共同对产生的新模式、新观点进行讨论，使问题探讨更加深入。要发掘出新的观点，就要依靠不断地动态聆听来激发新想法的产生。主持人应多鼓励这种聆听方式，才有可能催生出更多的创意与行动。

第六项原则：收获、分享共同成果。经过几个回合的对话之后，再进行全体对话，并提供一个空间和一段安静的时间供大家共同反思。鼓励大家仔细想想前面几个回合的对话，有没有得出什么心得可以分享。

（五）世界咖啡的操作流程

世界咖啡是一种多人参与的活动。参与规模小至 20 人，大至数百人。其具体操作流程如下。

世界咖啡采用咖啡桌的形式分组，展开轮番座谈。每一桌在简单的自我介绍后，各自讨论一段时间，桌长保持不动，然后其他组员移动至各桌，由另一桌的桌长介绍前一轮的结论，并以此为基础进行更深入的讨论，以此种方式进行数回合后，参与者回到原来的咖啡桌，聆听大家智慧分享的内容，并整理出讨论重点。

1. 形成小组

以 4～5 人为一桌，邀请来自不同领域的朋友组成小组，并选出一位桌长负责组织和记录。如图 4-5 所示。

图 4-5　形成小组

2. 围绕主题展开谈话

小组在桌长的组织下，开展既定话题的谈话，并详细记录谈话中出现的重要想法、意见、成果等。如图 4-6 所示。

图 4-6　围绕主题展开谈话

3. "旅行"交流

完成第一轮讨论后，桌长留下，其余的人则做"旅行者"，重新组合到其他桌，继续开展交流。如图 4-7 所示。

图 4-7 "旅行"交流

4. 新一轮讨论

新桌长迎来新的伙伴，介绍刚刚讨论中的主要想法并鼓励新来的朋友将这桌的想法与他们各自讨论的内容联系起来。大家互相倾听，进行更深入的讨论。这种讨论不断重复进行，并要求每轮讨论都与前一轮讨论内容相结合。如图 4-8 所示。

图 4-8 新一轮讨论

5. 成果整理

几次讨论后，所有成员回到原来座位，由桌长分享后续几轮讨论成果，全体成员一起分享各自的见解，共同对结果进行梳理。如图 4-9 所示。

图 4-9　成果整理

（六）世界咖啡活动中的关键角色

在世界咖啡活动中，有三个关键的角色：主持人、桌长、参与者（见图 4-10），他们各自有不同的职责。为了达成良好的活动效果，需要把握一些要点。

图 4-10　关键角色

1. 主持人的角色要点（见图 4-11）

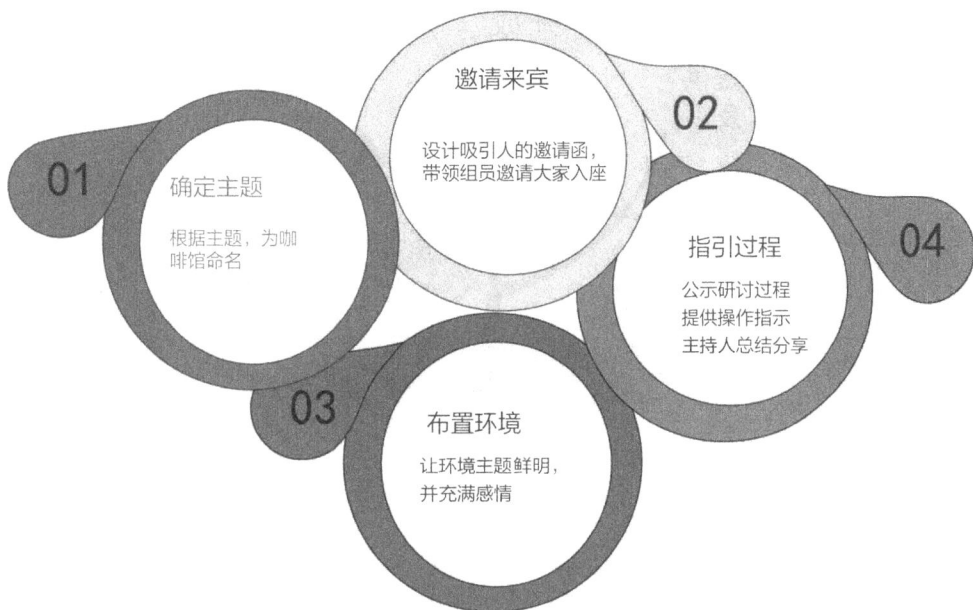

01 确定主题
根据主题，为咖啡馆命名

邀请来宾
设计吸引人的邀请函，带领组员邀请大家入座

02

指引过程
公示研讨过程
提供操作指示
主持人总结分享

04

03 布置环境
让环境主题鲜明，并充满感情

图 4-11　主持人的角色要点

2. 桌长的角色要点（见图 4-12）

1 主要分享
小组内主要分享着

掌控发言
桌长推动全员参与研讨，掌控发言时间

3 激励思考
邀请换桌学员补充发言，进行逆向思考或提出突破性问题

4 记录要点
安排组员记录或者自行记录，可使用图文新并茂方式呈现

图 4-12　桌长的角色要点

3. 参与者的角色要点（见图4-13）

图4-13　参考者的角色要点

三、体验创造　放飞心灵：创新实践

请在下面三个选题中选择一个，采用世界咖啡的方式进行讨论，然后分享讨论结果。

（1）如何将你现在的一项兴趣规划成你未来的一份职业？

（2）如何在短时期内有效增强班级的凝聚力？

（3）如何成功向喜欢的男生/女生表白？

四、八仙过海　各显神通：案例分析

【世界咖啡的应用与实践】

美国质量学会会员斯蒂文·海克先生决定以世界咖啡屋形式举办可口可乐全球实验室论坛。海克认为，世界咖啡屋方式是可行的。他说："人们渴望对话与交流，咖啡屋的环境非常适宜这种交流。这种对话形式和艺术家绘画似的过程是医疗界的新品牌。这一形式取得巨大成果。"

题为"实验室医学对风险世界的反应"的论坛在马里兰州的巴尔的摩市举行。大约40位极具创意的高层管理者参加了论坛。他们的目标是制定一个未来实验室医学愿景，接下来的就是采取什么措施向着这一目标前进了。

海克是从美国质量学会的行政主任和总战略官波尔·博拉斯基那里熟悉世界咖啡屋概念的。海克说："颜色笔、标示物和坦诚的谈话达到了预期的效果。这种互动使参加者自觉承担了开创一个世界实验室运动的基础工作。我们并不是关注解决问题，谈话的目的是构思愿景。"

谈到世界实验室医学论坛的成功时，博拉斯基说："看到世界咖啡屋这一工具被使用得如此有效，很令人激动。质量怎样朝着我们期望的方向发展并大范围地用于人类关心的问题，类似这样的问题都可以在论坛中探讨。"

国内，世界咖啡被美的集团、中国太平、TCL集团、中国建设银行、中国工商银行、广汽丰田、上海世博会、复旦大学、深圳市民政局等各类组织广泛应用，改变了传统的交流和学习方式，以参与者为核心，有效发挥了集体的智慧。

（资料来源：道客巴巴 http://www.doc88.com/p-9092399510192.html）

任务：请以小组为单位查阅资料，梳理其中一个实践案例进行分享。

五、学有所得 延伸拓展：课后作业

各界人士对世界咖啡的评价：

世界咖啡是我见过的最能帮助我们体验集体创造力的一种方法。

——彼得·圣吉（组织学习大师）

世界咖啡深度汇谈提供了能将分析转变为深刻革命的工具和将天才人物紧密相连的结构。

——彼得·德鲁克（世界管理大师）

员工是帮助你工作的人，值得你去尊重去感谢，世界咖啡可促进上下级之间的平等对话，体现现代文明。

——周厚健（海信集团董事长）

世界咖啡是一种"全新"而又"原始"的谈话方式，其所蕴含的理念与智慧给我们带来重要的启迪。

——陈国权（清华大学经管学院教授）

世界咖啡能帮助对学习型组织有兴趣的朋友们更好地理解和实践，以共同促进学习型组织在中国的发展。

——李兰（国务院发展研究中心公共管理与人力资源研究所副所长）

平等而公开的对话，是解决问题的最有效方法，而世界咖啡正是如此。

——石滋宣（全球华人竞争力基金会董事长）

任务：请结合以上材料的启示，谈一下今后在学习及生活中你打算如何应用"世界咖啡"这一工具？

5W1H 法

一、心有灵犀 一点就通：启动思维

【活动】想一个数

随便想一个自然数，将这个数乘 5 减 7，再把结果乘 2 加 14，结果个位必定为 0，为什么？

二、寻根问源 超越自我：知识链接

（一）什么是 5W1H 法？

"5W"是在 1932 年由美国政治学家拉斯维尔最早提出的一套传播模式，后经过人们的不断运用和总结，逐步形成了一套成熟的"5W1H"模式。

5W1H 法也称六何分析法，是一种思考方法，也可以说是一种创造技法，是指对选定的项目、工序或操作，都要从原因（Why）、对象（What）、地点（Where）、时间（When）、人员（Who）、方法（How）六个方面进行思考。这种看似很可笑、很天真的问话和思考办法，可使思考的内容深化、科学化。抓住事物存在的基本方面和制约条件来分析问题，往往就能抓住问题的本质及背后隐藏的原因，从而使解决问题的范围得以确定或使问题迎刃而解。5W1H 法是抓住主要矛盾，并从总体上把握，进行分析思考的创新方法，其实用性强，效果显著。在运用时，往往还需要将每个问题分解成许多更小的问题，再逐一回答，才可使方案更加完美。

（二）5W1H 法的运用流程

1. 检查方案的合理性

对某种现行的方法或现有的产品，从 6 个角度进行提问：

做什么（What）？ 如：开展工作的条件是什么？哪一部分工作要做？这样做目的是什么？工作对象是谁？

为什么（Why）？ 如：为什么要采用这个方法？为什么不能用其他方法？为什么只需要三个人？为什么不打电视广告？为什么要这样设计包装？为什么非要这样做？

何人（Who）？ 如：谁能胜任？谁是决策人？谁会受益？

何时（When）？ 如：何时完成？何时开始？何时是最佳营业时间？何时工作人员容易疲劳？何时更容易深入交流？需要几天才算合理？

何地（Where）？ 如：从何处买合算？还有什么地方可以做销售点？招商会在什么地方开合适？何地有更好的物流体系？

怎样（How）？ 如：怎样做效率最高？怎样得到？怎样求发展？怎样增加销路？怎样才能使包装更加美观大方？怎样使产品使用起来更加方便？

2. 找出方案的主要优缺点

将发现的疑点和难点列出，经分析后，找出关键的问题及目前不可解决的问题并做出方案。如果做出的方案包含 6 个方面的问题，便可初步认为这一方案可行。如果 6 个问题中有一个答复不能令人满意，则必须对这个方案进行改进。如果哪一方面的答案有独创的优点，则可以将其作为方案实施的关键事件。

3. 决定实施方案

讨论分析，寻找改进措施，提出解决方案。

三、体验创造 放飞心灵：创新实践

假如你是一名企业活动策划主管，要策划一次为期两天的短途春游，请使用 5W1H 分析法做出活动方案。

四、八仙过海 各显神通：案例分析

【案例】运用 5W2H 法经营校园内的小吃部

校园内有一个小吃部，生意冷冷清清，惨淡经营，原来聘请的学生钟点工也被辞退。有一个学生就用学过的 5W2H 法 ① 帮助其分析原因，并提出了改进措施，使小吃部的生意变得红火起来。

他首先用 5W2H 法分析现状：

Who：谁是该小吃部的顾客？毫无疑问以学生为主。

Where：小吃部的地理位置如何？小吃部位于多数学生从上课到食堂就餐需要经过的地方，有地理位置优势。

When：客人何时来吃饭？因为顾客是学生，以正常吃饭时间为主，还有一部分学生会错开正常吃饭时间来吃饭。

What：客人想吃什么？根据学生的特点，各种小吃和快餐较符合学生的口味。

Why：学生为什么来小吃部吃饭？食堂饭菜不合口味，错过学校食堂正常开饭时间，适当改善一下生活，变变口味等。

How：怎样方便学生就餐？应该保证学生随时都能吃到可口饭菜。

---

① 5W2H 法比 5W1H 法多了一个"How much"。

How much：如何做到物美价廉？价格要符合学生的消费承受力，做到薄利多销。

他通过以上分析，发现小吃部主要在以下 4 个方面存在问题。

When：经营时间没有考虑到教学安排的调整。

What：经营品种单一，品种不独特。

How：学生感觉不到在这里就餐有什么便利。

How much：价格偏贵。

针对这些原因，他提出改进措施如下：

全天营业，学生随到随吃。

以风味小吃和快餐为主。

学生就餐时，对餐费给予积分，积分越多则给予折扣越多。

做到物美价廉。

改进后，小吃部的生意变得非常红火。

综上所述，5W2H 法的 7 要素都能抓住事物的主要方面进行分析，效果明显，对于创造性地解决问题是非常有帮助的。

（资料来源：https://baike.sogou.com/v4640632.htm?fromTitle=5W1H%E5%88%86%E6%9E%90%E6%B3%95）

思考：采用这种分析方法的优势是什么？

五、学有所得 延伸拓展：课后作业

请回答下列问题，并拟出自己的求职计划。

Who——我是个怎样的人？特长是什么？

What——我应该做什么工作？

Why——我为什么要做这份工作？

Where——我要在什么地方工作？

When——什么时候去工作？

How——我应该怎样去工作？

第五节 SECTION FIVE

商业模式画布

一、心有灵犀 一点就通：启动思维

你有过创业的想法吗？如果有，你知道如何实现这些想法吗？

二、寻根问源 超越自我：知识链接

商业模式画布是与商业模式相伴而生的一种创新工具。它起源于 20 世纪 50 年代，盛行于 20 世纪 90 年代，现已经成为挂在创业者和风险投资者嘴边的一个名词。商业模式描述了企业如何创造价值、传递价值和获得价值的基本原理。

（一）商业模式画布产生的背景

商业模式（Business Model）是一种包含一系列要素及其关系的概念性工具，用以阐明某个特定实体的商业逻辑。它描述了公司能为客户提供的价值以及公司的内部结构、合作伙伴网络和关系资本等用以实现（创造、推销和交付）这一价值并产生可持续盈利收入的要素。一个特定实体的商业模式，体现了该实体完整的产品、服务和信息流体系，即公司通过什么途径或方式来盈利。人们普遍认为："成功＝靠谱的产品＋可行的商业模式"，找到一个合适的商业模式至关重要，它能避免你在错误的方向上浪费资源。同时，商业模式还具有模型意义，即通过商业模式所揭示的商业要素、机会及其之间的关系，可以形成创新思维链路。由此，演化出了商业模式画布这一创新工具。

（二）商业模式画布内涵及特点

商业模式画布（Business Model Canvas）是通过画布的形式，将商业模式的 9 个核心要素整合在一起，聚焦关注点，引导思维方向，形成一个将市场需求与资源结合起来的系统。这一思维工具有以下特点。

（1）完整性。在填充表格时，可以迅速察觉、改正逻辑上的漏洞，促进商业模式改变，最终实现收入大于产出。然而，这还仅仅是最初级的层面。再向上一层，就需要真正理解不同格子间的联系，从而实现要素及要素间策略层面的逻辑完整性。微软便是极好的例子——比尔·盖茨最大的贡献不是技术，而是巧妙运用分销渠道和定价，寻找竞争对手忽视的区间。

（2）一致性。通过系统思考，可以判断商业模式的各个方面是否一致。如：涉及合作伙伴的假设与涉及渠道的假设是否一致，价值主张与关键活动是否一致等。商业模式画布不仅能够提供更多灵活多变的计划，而且更容易满足用户的需求。更重要的是，它可以将商业模式中的元素标准化，并强调各元素间的相互作用。

（3）一目了然。由来自实体内不同岗位的或不同角色的人员共同完成画布，可以看到所有的同事是否清楚你正在做什么？为什么要这么做？还可以看出人们对你正在做的事是否有什么误解或不同见解。

（4）有效沟通。商业模式画布完成的过程，就是统一意志和思想的过程。可视化的画布，可以成为员工会议、董事会讨论或投资者演示的焦点。相比一页文字，人们更容易记住一张图。

商业模式画布设计简单易懂，可用来帮创业者建立可视化的商业模式，测试自身商业模式的可行性，避免挥霍资金或者盲目地叠加。同时，编制画布还可以催生创意、降低猜测、确保找对目标用户、合理解决问题。

（三）商业模式画布核心要素解析

商业模式一般包含 9 个核心要素。

1. 价值主张

价值主张即企业通过其产品和服务所能向消费者提供的价值。价值主张确认了企业对消费者的实用意义，即商业痛点。

价值主张是商业模式中最为重要的要素，是企业建立在对客户需求分析和自身优势判断基础上的一种战略选择，也是企业对公众的一种承诺，自然也是企业品牌塑造的基础。确定价值主张时需要对顾客价值取向的发展趋势做出正确的判断，对未来市场竞争趋势做出正确的阶段性预测，还需要根据自己的资源结构特点进行战略选择。比如"王者荣耀"的价值主张是为了给玩家创造更多的快乐，让玩家在团队协作和个人技能展示方面找到成就感和满足感；"脑白金"的价值主张是帮助消费者（更多的是年长者）改善睡眠，增强体质，拥有健康的体魄和美好的生活状态。

确定价值主张过程中可从以下几个方面进行思考。

我们应该向客户传递什么样的价值？

我们正在帮助客户解决哪一类难题？

我们正在满足哪些客户需求？

我们正在为客户细分群体提供哪些产品和服务？

2. 客户细分

客户细分即公司所瞄准的消费者群体。这些群体具有某些共性，从而使公司能够针对这些共性创造价值。可从以下方面进行思考。

我们正在为谁创造价值？

谁是我们最重要的客户？

3. 渠道通路

渠道通路是指当产品从生产者向最终消费者或产业用户移动时，直接或间接转移所有权所经过的途径。可从以下几方面进行思考。

如何接触细分客户群体？

如何整合分销渠道？

哪些渠道最有效？

哪些渠道的成本效益最好？

如何把渠道与客户的接触和沟通过程进行整合？

可以参考以下方面寻找渠道通路。

（1）从品牌的市场定位入手，找准品牌的切入点，分析这种定位应有哪些渠道与之匹配，对于高端、中端或低端产品，哪些渠道能更好地适合品牌定位。

（2）产品的价格定位决定了企业应该选择什么样的营销渠道来渗透。

（3）产品组合的特色与质量也是确定选择何种营销渠道的关键。产品线的长短与特色，将决定营销渠道是否可以满足产品在该渠道的投放。

4. 客户关系

客户关系即公司同其消费者群体之间所建立的联系。这种联系可能是单纯的交易关系，也可能是通信联系，也可能是为客户提供一种特殊的接触机会，还可能是为双方利益而形成某种买卖合同或联盟关系。可从以下几方面进行思考。

每个客户细分群体希望我们与之建立和保持何种关系？

我们已经建立了哪些关系？

这些关系成本如何？

如何把它们与商业模式的其余部分进行整合？

客户关系具有多样性、差异性、持续性、竞争性、双赢性的特征。它不仅可以为交易提供方便，节约交易成本，也可以为企业深入理解客户的需求提供机会。

5. 核心资源

核心资源是让商业模式有效运转所必需的最重要的因素，可从以下几方面进行思考。

我们的价值主张需要什么样的核心资源？

我们的渠道通路需要什么样的核心资源？

我们的客户关系需要什么样的核心资源？

我们的收入来源需要什么样的核心资源？

【案例】Zara

Zara 服装更迭的速度非常快，以吸引消费者反复光顾店面。Zara 消费者每年会去它的店面 17 次左右，行业平均水平为 3～4 次。知名时尚品牌经营的基石之一是各类时尚杂志上精美的广告，而 Zara 很少打广告，它成功地让所有人谈论它，就像星巴克一样。Zara 和 H&M 的成功，首先是因为它们变革了快速服装行业的经济模式。服装行业，简单地划分，可以分为两种，一种是 LV、古奇、范思哲这些顶级奢侈品品牌，它们位于高价值的一端，它们的核心资产是品牌；一种是诸如美国的 Gap、国内开店很多的班尼路等。Zara 和 H&M 在这两者之间创造了一种奇特的混搭，品牌形象上它们更接近于前者，经济模式上却和后者一样获得了规模经济效应。不同的是，Gap 的规模经济效应是基于"款少、量多"的廉价路线，而 Zara、H&M 的规模经济效应却是基于"快速、少量、多款"。Zara 每年推出上万款服装，并且款式与时尚同步，定价也更接近高档品牌的模式。郎咸平预测认为，未来时装业将朝着"Zara 模式"发展。观察 Zara 模式，重要的是看"快速、少量、多款"的背后运作体系。在服装业有个专业词汇——前导时间，指的是一件服装从设计到出售所需的时间。Zara 大大缩短了前导时间，它从设计到生产最快可以两天完成，一般服装前导时间最快为 12 天，对比而言，Gap 单设计酝酿期就达两三个月。服装是随时间快速贬值的，每天贬值 0.7%，计算机产品为每天 0.1%。因而缩短前导时间有多重好处："越快的前导时间就能让服装公司对市场潮流反应快速，这既可提高服装的价值，还可让公司不用预先做好大量成衣，减少存货费用和存货风险。此外，较短的前导时间也可以使得公司减少对潮流的预测，避免生产出不受顾客欢迎的服装，从而避免公司因估计错误而令服装囤积，也可避免以折扣来促销所导致的损失。"Zara 和 H&M 都没有试图做时尚的创造者，而是做时尚潮流的快速反应者，"在流行趋势刚刚出现的时候，准确识别并迅速推出相应的服装款式，从而快速响应潮流"。这样做的优点是："无须猜测快速易变的时装趋势，在降低库存风险的情况下大大缩短设计的酝酿期。"快速模式需要有快速的供应链。Zara 和 H&M 的做法并不相同。Zara 的做法有这样一些特点：它采购的布料都是未染色的，而是根据实时需求染色。Zara 选择让自己的工厂仅做高度自动化的工作，用高科技生产设备做染色、剪裁等工作，而把人力密集型的工作外包。为了快速反应，Zara 的采购和生产都在欧洲进行，只有 20% 的基本款式服装在亚洲等低成本地区生产。Zara 拥有高科技的自动物流配送中心，在欧洲用卡车两天内可以保证送达，而对于美国和日本，Zara甚至不惜成本采用空运以提高速度。H&M的做法则侧重于采用IT技术在各个环节细处压缩时间。与我们通常的印象不同，Zara这类公司并不是制造商，郎咸平用了一个非常拗口的名词来解释它们——"自有商标服饰专卖零售业"（Specialty Store Retailers of Private Lab Apparel, SPA)。零售战略这样一个在厂商传统概念里无足轻重的内容，将在未来成为战略决策的重要组成部分。对Zara这类公司，零售是整个链条的重要一环。Zara的零售处在一个"进货快与销货快"之间自我强化的正循环之中：分店每周根据销售情况下订单两次，这就减少了需要打折处理存货的情况，也降低了库存成本。款式更新快加强了新鲜感，吸引消费者不断重复光顾。

（资料来源：http://www.efu.com.cn/data/2006/2006-10-07/167931.shtml）

西班牙Zara服装品牌的商业模式是：

卖给谁：卖给时尚年轻人，但不是最有钱的人；

卖什么：卖最新款、最时尚的服装；

如何卖：平民时尚概念，用最快的速度上市，但不是最好的质地；

如何持续盈利：建立快速物流的渠道保证企业的持续盈利。

价值配置一方面要选择自己的价值取向，确定自己的战略定位；另一方面，为了提供并销售这些价值，必须配置相应的资源，如资金、技术、人才等。

6.关键活动

关键活动是企业为确保其商业模式可行而必须要做的最重要的事情。可从以下几方面进行思考。

我们的价值主张需要哪些关键活动？

我们的渠道通路需要哪些关键活动？

我们的客户关系需要哪些关键活动？

我们的收入来源需要哪些关键活动？

7.重要伙伴

在现代企业经营活动中，没有哪一家企业可以完全独立运行，总是需要一些人或机构给予战略支持与合作。因此，企业需要确定自己的关键合作伙伴，核心的供应商，并清楚地知道从合作伙伴那里获得什么核心资源，进而优化合作机制，降低风险和不确定性，构建相互关联与支持的价值链，提高可持续发展的能力。可从以下几方面进行思考。

谁是我们的重要伙伴？

谁是我们的重要供应商？

我们正在从伙伴那里获取哪些核心资源？

合作伙伴都执行哪些关键业务？

我们为合作伙伴带来了什么价值？

8. 成本结构

成本结构即所使用的工具和方法的货币描述。分析商业模式中有哪些最重要的成本、哪些关键资源是最昂贵的、哪些关键活动是成本最高的；分析商业模式中有哪些固定成本，哪些变动成本。同时与战略选择相适应，确定是坚持成本导向还是价值导向。主要可从以下方面进行思考。

什么是商业模式中最重要的固定成本？

哪些核心资源花费最多？

哪些关键业务花费最多？

9. 收入来源

收入来源即公司通过各种收入流来创造财富的途径。收入是企业运营的根本，但设计自己的收入来源时还要认真分析客户愿意为什么价值付费、客户当前在为什么价值付费、客户更喜欢如何付费及每一个收入来源方式为企业的总收入贡献了多少。主要可从以下方面进行思考。

什么样的价值能让客户愿意付费？

他们现在付费购买什么？

他们是如何支付费用的？

他们更愿意如何支付费用？

每个收入来源占总收入的比例是多少？

（四）商业模式画布的操作步骤

1. 材料准备

（1）足够小组活动的空间及便于围坐讨论的桌椅；

（2）商业模式画布模板或展示墙；

（3）便签及彩笔。

2. 确定主题

商业模式的主题可以采用来自企业的真实主题，也可以征集主题。确定主题后，小组讨论分析和确认主题的含义。

3. 确定价值主张

价值主张是商业模式的灵魂，可以采取头脑风暴、团队共创等方式，确定商业价值主张。

4. 完成画布

小组在充分讨论的基础上，填写画布，完成商业模式。

5. 群策群力

各小组完成画布后，向大家展示并听取其他小组的建议。商业模式画布可以与"世界咖啡""开放空间"等创新工具结合使用。

6. 制订行动计划

在做完整个画布之后，设计出切实可行的行动方案。

三、体验创造 放飞心灵：创新实践

如果你们现在要开一家校园饮品店，请你和团队成员一起完成商业模式画布，如表 4-4 所示。

表 4-4　商业模式画布

重要伙伴 Key Partnerships	关键活动 Key Activities	价值主张 Value Propositions	客户关系 Customer Relationships	客户细分 Customer Segments
	核心资源 Key Resources		渠道通路 Channels	
	成本结构 Cost Structure		收入来源 Revenue Streams	

四、八仙过海 各显神通：案例分析

【案例】湖南卫视的崛起

1997 年 1 月 1 日，湖南电视台一套节目正式通过亚洲 2 号卫星传送，呼号"湖南卫视"。湖南卫视上星播出之后，推出了"快乐大本营""玫瑰之约""晚间新闻""新青年""音乐不断""今日谈"等一系列名牌栏目，在全国产生了广泛影响，确立了频道强势品牌地位。"快乐旋风""玫瑰花香"，一时间风靡大江南北，被誉为"湖南电视现象"。

1999年3月，以湖南卫视等媒体的广告经营业务、传输网络和节目制作为核心成立的大型传媒企业——"湖南电广传媒股份有限公司"在深圳证券交易所挂牌上市，被誉为"中国传媒第一股"。央视-索福瑞媒介调查公司的调查报告显示，芒果台的观众满意度名列全国所有省级卫视榜首。

2000年10月19日，"首届中国金鹰电视艺术节"在湖南长沙开幕，湖南广电一次性买断，永久落户湖南长沙。湖南卫视为主承办了这一全国性节庆活动。12月27日，"湖南广播影视集团"在长沙正式挂牌成立。这是中国第一家省级广播影视媒体集团。

2001年10月28日，湖南卫视迁址至湖南省长沙市金鹰影视文化城金鹰大厦，实现了全数字化、全硬盘化、全网络化和全天不间断播出，电视制作、播出等软硬件水平达到国际一流水平。

2002年，湖南卫视定位"锁定娱乐、锁定年轻、锁定全国"，打造"快乐中国湖南卫视"强势品牌。

2003年，湖南卫视进入频道运营和品牌高速发展的黄金时代。湖南卫视全新定位为"资讯、娱乐为主的个性化综合频道"。节目编排进行大调整：18点到22点主要以大众化节目为主，22点到24点更多地体现其个性与特色，白天时段率先开发中午和上午时段，形成以时尚资讯和影视剧为主的特色编排。几个具体的安排是，"湖南新闻联播"提前1小时进入黄金时段，自办栏目"集束连发"，散装节目整合打包，制造连环概念。"金鹰独播剧场（十点档）"引进全国首轮电视剧集，如《还珠格格Ⅲ》《白领公寓》《英雄》电视版。同年芒果台大张旗鼓地展开了个性化营销活动，并改称"中国湖南卫视"。在对外宣传与推广时统一使用"中国湖南卫视"这样的称谓，以此来突显"大中国"的市场定位。

2004年，湖南卫视推出"快乐中国"的频道核心理念，并围绕这一理念对栏目进行重新编排，对原有节目做加减法，强化频道特色。

2006年，湖南卫视上星十周年广告创收突破10亿，创收能力稳居省级卫视第一、全国第三，"超级女声"原创节目创造了中国国内单一电视活动营销的纪录。2009

年，芒果台显示出一个全国性强势电视平台的超级价值，全天平均收视率排名（含CCTV）全国第二名的位置。芒果台成功举办"中国金鹰电视艺术节"的同时，芒果台还积极扩大海外影响，不仅与BBC、ITV等深度合作，还签订了创新节目"挑战麦克风"的节目模式销售协议，成功开创了芒果台开台以来，连续周间带状直播的规模化生产的先河。湖南卫视第五次入选"中国500最具价值品牌排行榜"！

2010年6月28日，成立湖南广播电视台和芒果传媒有限公司，标志着湖南广电的第三轮改革正式开始。

2011年，金鹰独播剧场再发力，《宫锁心玉》《回家的诱惑》《新还珠格格》《步步惊心》等多部好剧轮番登场，《回家的诱惑》更是以破5的城市收视率，打破了2006年《大长今》的电视剧收视纪录，成为除《还珠格格》的电视剧收视冠军。

2013年，湖南卫视凭借"2012—2013湖南卫视跨年狂欢夜""我是歌手（第一季）"，再掀收视热潮，显示出令人叹服的制作水准和创新实力。此外，在世界品牌实验室发布的"中国500最具价值品牌排行榜"中，湖南卫视以158.72亿，紧随CCTV、凤凰卫视之后。第四季度再度创新推出以"越成长，越青春"为口号的主题，温情推出全新父子亲情互动记录节目"爸爸去哪儿"，关注亲子关系，传递荧屏正能量，延续快乐心情。

2014年1月，湖南卫视诚意再换频道包装，以简洁、扁平、平滑的风格继续引领传媒潮流，并打出"越欢聚越青春"口号，编排创新再度升级，从点状分布全面升级为全天带状形态。湖南卫视全力打造22点档全新王牌"钻石独播剧场"。全球首创电视节目"主题日"概念，全线占据一周七天，多款大型剧目及节目轮番登场，《古剑奇谭》创收视新高。

2015年2月，正式推出"梦飞扬更青春"的频道包装。从2014年底的"在一起更青春"到2015年初的"梦飞扬更青春"，时间在变，口号在变，唯一不变的是湖南卫视青春昂扬、创新至上的气势和魄力！2015年，芒果台在责任品牌创新的价值引领下，在"梦飞扬更青春"品牌内核的统帅下，突显差异化编排、立体式传播、融合性互动三大创新亮点。6月10日，湖南卫视推出"炫起来更青春"的主题，湖南卫视继续以"收视稳、受众广、频道热"的绝对优势，淬炼"快乐中国"优质品牌。王牌剧场、钻石独播剧场《花千骨》的城市收视率和全国收视率双网完美破三！青春进行时剧场《旋风少女》的城市收视率和全国收视率双网破二。

（资料来源：https://wenku.baidu.com/view/76d033c19ec3d5bbfd0a74d8.html）

思考：这个案例的商业模式要素是如何体现的？

五、学有所得 延伸拓展：课后作业

商业模式画布应如何操作？

请找出 2 ～ 3 个商业模式做得较为成功的企业案例。

六顶思考帽

一、心有灵犀 一点就通：启动思维

【活动】请看图 4-14 和图 4-15。

图 4-14　启动思维图一

图 4-15　启动思维图二

问题 1：你看到了什么？

问题 2：你得到什么启示？

二、寻根问源 超越自我：知识链接

爱德华·德·波诺博士被誉为 20 世纪改变人类思考方式的缔造者、创新思维之父、被评为人类历史上贡献最大的 250 人之一。

在全世界各地的会议室，我们经常看到这样的场景：参会者激烈地争论，面红耳赤，但可能他们都是对的，他们看到的只是问题的不同侧面；或者参会者轮流演讲，各说各话，或许很精彩，但离开会议室却发现毫无成果。这样的会议会导致后果严

重的错误决策。英国学者爱德华·德·波诺博士认为："思维最主要的困难在于混淆不清。"在同一时刻，我们往往要想太多的事情，好的、坏的、对的、错的、积极的、消极的，等等。显而易见，一群人在思考的时候情况会变得更糟，诸多想法相互顶撞。爱德华提出了一个新的思考工具，让人们一次只思考一件事的一个方面，在一个时刻大家都朝一个方向看。这就是水平思考的起源，而六顶思考帽就是水平思考的重要工具。

爱德华·德·波诺博士，1933 年出生于马耳他，牛津大学心理学、医学博士，剑桥大学医学博士，曾任教于牛津大学、伦敦大学、哈佛大学和剑桥大学，被誉为 20 世纪人类思维方式革命性变革的缔造者，是创新思维领域公认的权威，被尊为"创新思维之父"。欧洲创新协会将他列为历史上对人类贡献最大的 250 人之一，国际天文学会官方委员会以他的名字命名 DE73 号行星，欧盟委员会邀请他担任"2009 欧洲创新年"思维大使……德·波诺这个名字已经成为创造力和新思维的象征。他发明的"水平思考"（Lateral Thinking）一词被收入《牛津英语大词典》《朗文词典》。德·波诺博士已出版的著作有 73 本，其代表作《水平思考法》和《六顶思考帽》被译成 41 种语言，畅销 57 个国家。

诸多著名跨国公司总裁、诺贝尔奖得主及世界各个领域的精英对他的著作推崇备至。半数以上的世界 500 强企业、联合国教科文组织、奥组委等众多机构，以及全球 50 多个国家和地区的数十万所学校都曾经或正在使用他开发的思维方法。作为思维工具，六顶思考帽已被美、日、英、澳等 50 多个国家政府在学校教育领域内设为教学课程。同时也被世界许多著名商业组织所采用，作为创造组织合力和创造力的通用工具。例如，德国西门子公司有 37 万人学习德·波诺的思维课程，结果产品开发时间减少了30%。英国 Channel 4 电视台说，通过接受培训，他们在两天内创造出新点子比过去六个月里想出的还要多。英国的施乐公司反映，通过使用所学的技巧和工具使他们仅用不到一天的时间就完成了过去需一周才能完成的工作。芬兰的 ABB 公司曾就国际项目讨论了 30 天的时间，而今天，通过使用平行思维，仅用了 2 天。J. P. Morgan 通过使用六顶思考帽，将会议时间减少 80%，并改变了他们在欧洲的文化。麦当劳日本公司让员工参加"六顶思考帽"思维训练，取得了显著成效：员工更有激情，坦白交流减少了"黑色思考帽"的消极作用。在杜邦公司的创新中心，设立了专门的课题探讨用德·波诺的思维工具改变公司文化，并在公司内广泛运用"六顶思考帽"。

（一）什么是六顶思考帽？

白帽

红帽

黑帽

黄帽

蓝帽

绿帽

　　六顶思考帽是一种简单、有效的平行思考程序。它帮助人们做事更有效率、更专注，更加运用智慧的力量。一旦学会，立即可以投入应用。它提供了"平行思维"的思考工具、全面思考问题的模型，避免将时间浪费在互相争执上。每一个角色与一项特别颜色的"思考帽子"相对应，"戴上帽子"意味着聚焦在一种思考模式，"转换不同的帽子"意味着转换不同的思考模式。这种方法可以清晰地界定思考过程中的不同方面，使群体讨论和对话主题明晰而且富有成效，并且显著地提高复杂沟通的效果。

　　它广泛运用于会议管理、团队沟通、流程改进、产品研发与设计、制定决策、解决问题和领导力提升等领域。大部分世界 500 强企业学习使用过六顶思考帽后，认为可以大大缩短会议时间，显著提高工作效率。

　　白帽：以事实、数据化信息或资料为焦点，是一种分析处理信息的技能。白色是中立而客观的，代表着事实和资讯。不加任何主观诠释。

　　红帽：以感觉、直觉和价值观为焦点，强调在抉择时感性因素的意义，代表感觉、直觉和预感。无须辩解，用"我觉得……"陈述个人的想法，时间控制在 30 秒之内。

　　黑帽：以探讨真实性、合理性和可行性为焦点，帮助人们控制风险。

　　黄帽：象征光明和乐观，以价值为焦点，帮助人们发现机会。

　　绿帽：创造力之帽，发现解决问题的方法和思路，象征可能性、改变和创新，以解决问题为焦点，从而获得创造性的解决方案。

　　蓝帽：象征整体观和控制力，管理整个思考过程。蓝色帽是指挥帽，指挥其他帽子，管理整个思维进程。六个帽子使用过程中每次都由蓝帽开始，以蓝帽结束，并由蓝帽负责安排其他思考帽的顺序，维持讨论纪律和秩序，宣布何时改变帽子。

（二）六顶思考帽的原理

　　六顶思考帽思维是革命性的，因为它把我们从思辨中解放出来，帮助人们把所有的观点排列出，然后寻找解决之道。使用六顶思考帽法，我们可以理清思考的不同方面，而不是一次解决所有问题。我们可以让一个人戴上帽子采用某种思维或者摘下帽子结束思考。六顶思考帽法使我们能够简单并礼貌地鼓励思考者在每个思考过程采用相等的精力，而不是一直僵化地固定在一种模式下。

　　六顶思考帽思维提供了"平行思维"的工具，避免将时间浪费在互相争执上。强调的是"能够成为什么"，而非"本身是什么"，是寻求一条向前发展的路，而不是争论谁对谁错。运用德·波诺的六项思考帽,将会使混乱的思维变得更清晰,使团体中无意义的争论变成集思广益的创造,使每个人变得富有创造性。德·波诺博士开发的创新思维训练不再是肤浅的脑筋急转弯式的创新思维训练,而是真正的具有心理学基础的创新思维技法,能够改变"不科学的思维定势",为管理创新和技术创新提供创新思维的"科学的思维定势"。

(三)六项思考帽的特点

(1)这种思维区别于批判性、辩论性、对立性的方法,而是一种具有建设性、设计性和创新性的思维管理工具。

(2)它使思考者克服情绪感染,剔除思维的无助和混乱,摆脱习惯思维枷锁的束缚,以更高效率的方式进行思考。

(3)用六种颜色的帽子这种形象化的手段使我们非常容易驾驭复杂的思维。

(4)当你认为问题无法解决时,"六项思考帽"就会给你一个崭新的契机。

(5)使各种不同的想法和观点能够很和谐地组织在一起,避免人与人之间的对抗。

(6)经过一个深思熟虑的过程,最后去寻找答案。

(7)避免自负和片面性。六项思考帽代表了六种思维角色的扮演,它几乎涵盖了思维的整个过程,既可以有效地支持个人的行为,也可以支持团体讨论中的互相激发。

(四)六项思考帽的运用原则

1. 集体性思考

六项思考帽主要应用于集体性思考,而不是个人思考。当然一个人思考的时候也可以采用六顶帽子的思考方式,从不同的角度去看问题,但是这种思考方法用在集体思考时最有效。

2. 严肃性

这是一种慎重、严肃、用尽心智的思考,而不是随随便便想一想,也不是在多种可能性中进行随便选择。

3. 分离思维

将要解决的问题分成几个维度,把纠结杂乱的思考分离成有方向性的、清楚的维度,然后再进行思考。

4. 平行思考

所有人在同一时间、同一维度下进行思考，大家进行的是思维的加法。但我们往往不知道什么时候该戴哪顶帽子。一个团队的成员常常在同一时刻戴着不同颜色的帽子，因此导致大量的思想混乱、相互争吵和错误决策。"六项思考帽"思维方法使我们将思考的不同方面分开，这样我们可以依次对问题的不同侧面给予足够的重视和充分的考虑。就像彩色打印机，先将各种颜色分解成基本色，然后将每种基本色彩打印在相同的纸上，就会得到彩色的打印结果。同理，我们对思维模式进行分解，然后按照每一种思维模式对同一事物进行思考，最终得到全方位的"彩色"思考。

（五）六项思考帽的使用方法

1. 单独使用

有时候，六项思维帽单独使用一顶就能起到作用。例如，可以单独使用白色思考帽来收集相关信息，如果信息够全面，会使得整个工作顺利开展。

2. 组合使用

按照一定的组合顺序来使用，通常用于解决复杂问题。典型的六项思考帽法在实际中的应用步骤如图 4-16～图 4-22 所示。

图 4-16　蓝帽说明主题

图 4-17 白帽收集信息

图 4-18 黄帽阐述积极因素

图 4-19　黑帽专注风险

图 4-20　绿帽创新想法

图 4-21 红帽表达情感

图 4-22 蓝帽总结

常用组合一：

蓝帽→白帽→黄帽→黑帽→绿帽→红帽→蓝帽

常用组合二：

蓝帽→白帽→绿帽→红帽→黄帽→黑帽→蓝帽

（六）六顶思维帽的使用要求

1. 同一时间戴同一顶帽子

小组所有的人都理解思考问题的方向，也就是说在同一时间非常清楚用哪一种思考方式进行思考。

这就要求所有成员摒弃自己的喜好，把自己从讨论的问题中抽离出来，要求戴哪一顶帽子就必须都戴哪一顶帽子。这样就可以在同一个事实、同一个原因的前提下集中所有人的注意力，一项一项地考虑不同的可能性，尽可能运用集体的智慧、经验和知识，将各个方面想得尽可能透彻。

2. 全体成员的认可

要求小组所有的人都认可这种思考方式是有益的。如果有人认为这种思考方式没什么意思，那么在这个小组中他就会起到一定的破坏作用。

3. 遵循平等、公开的原则

在一个组织中运用这种思考方式，有一个非常重要的原则要遵循，即所有参与者都应该是平等的，不管是领导还是下属。虽然在工作中有等级关系，一般来说领导的话更有权威和影响力，但是在这种思维方式下，要求每一个人都是平等的，不管年龄、职务、性别、资历怎样。这个原则非常重要——只有平等、公开，把自己的想法跟小组成员共享，才能把这个方法运用得比较好。

（七）六顶思考帽的使用误区

对六顶思考帽理解的最大误区就是仅仅把思维分成六个不同颜色，但其实对六顶思考帽的应用关键在于使用者用何种方式去排列帽子的顺序，也就是组织思考的流程。

（1）不能将讨论人群分成6个组，每个组戴同一顶帽子。

（2）不是在一个组内，每个人戴一顶不同颜色的帽子进行思考，而是在同一时间，大家都戴同一顶帽子进行思考。

三、体验创造 放飞心灵：创新实践

请运用六项思维帽分析大学生是否应在在校期间开始创业。

四、八仙过海 各显神通：案例分析

【案例】如何提高跨部门沟通效率？

团队成员采用六项思考帽法召开会议。首先针对跨部门沟通议题列出以下 7 个步骤的帽子序列，再进行集体思考讨论。

1. 白帽（搜集的信息）

（1）涉及部门多，各领域关注点不同

（2）缺乏沟通

（3）参与度与关注热点难协调

（4）其他各部门关于我们部门工作的需求

（5）其他部门的经验借鉴

（6）各部门专业领域的成果、专业知识

2. 绿帽（解决方案）

（1）建立常用联络人——建立信息数据库——产品部门、信息部门架构

（2）部门间平台沟通会——信息共享——定期专业知识的共享、建立网络共享平台

（3）各联络人之间的情感沟通

3.红帽（投票选择）

（1）建立联系方式

（2）专业内容分享

（3）组织活动、团队建设

4.黄帽（价值所在）

（1）能够快速找到相关负责人，并保持定期沟通

（2）便于及时获得最新信息

（3）换位思考其他部门工作需求

（4）增加了合作的信任度和彼此的理解

5.黑帽（可能存在的问题）

（1）跨部门工作时间难协调

（2）相关成本增加

6.绿帽（解决方案）

（1）寻求老板的参与和支持

（2）增加专业沟通的频率

（3）在网络开放共享平台可以随时学习

7.蓝帽（行动方案）

在各部门相关领导的支持下，建立各团队的联系方式，实施定期专业内容分享，开展团队建设活动，随时反馈意见。

（资料来源：https://wenku.baidu.com/view/fb77d51e3a3567ec102de2bd960590c69ec3d82e.html?from=search）

思考：

在以上实施过程中，你认为有哪些环节存在问题？

如果让你来主持这次会议，你会如何主持呢？

五、学有所得 延伸拓展：课后作业

面对中国的雾霾天气，请你们团队用六顶思维帽讨论解决方案。

第七节 SECTION SEVEN
创新与发明工具

　　创新创造是思维质的飞跃过程，我们只有发现别人没看到的，想别人想不到的，做别人做不到的，才可能实现质的突破。我们可以借助一些工具，打开思路，帮助我们实现创新创造的梦想。本节将介绍部分典型的创新与发明工具，以期对同学们有所帮助。

一、奔驰法

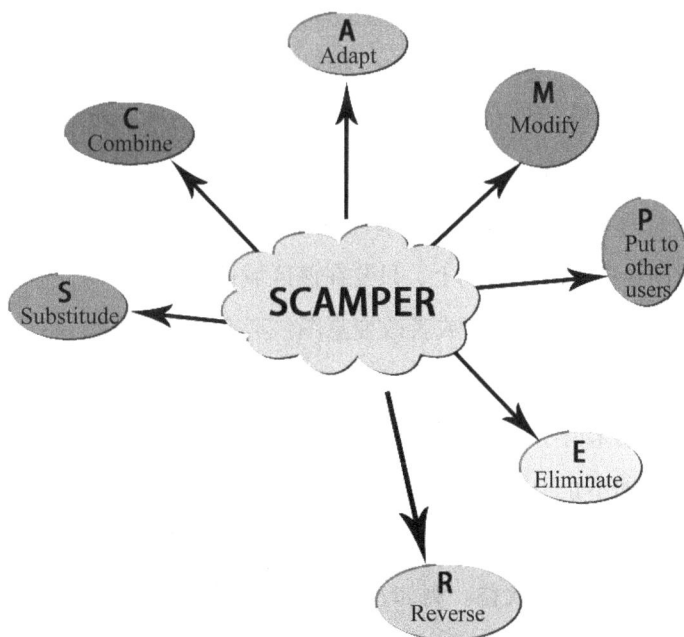

奔驰法，又称 SCAMPER 法，最早是由 Alex Osborne 于 1953 年提出的。1971 年，美国心理学家 Robert F. Eberle 在他的著作《SCAMPER: Games for Imagination Development》中提出该法，此后逐渐为众人所熟知。

奔驰法 (SCAMPER) 实质是一个思考由现有产品产生一个新产品的思考清单。借助这个清单，人们可以直接提出建议或者作为横向思维的起点，从而激发人们的思维创造力。

S(Substitute)：替代。包括成分、材料、人员的替代等。考虑现有的事物有无代用品，以别的原理、别的能源、别的材料、别的元件、别的工艺、别的带动力、别的符号等来代替。例如，现在的新能源汽车就是一个前景广阔的创新方向。又如，原来的手机都是通过短信方式来进行文字沟通，现在免费的微信基本上把短信这个功能给取代了。

C(Combine)：合并。包括混合及与其他功能的整合等。考虑对现有的事物能否加以适当组合，如原理组合、方案组合、材料组合、部件组合等。例如，欧洲的一个磨镜片的工人偶然把一块凸透镜片与一块凹透镜片加在一起，他透过两个镜片向远处一看，惊讶地发现远处的景物可以移到眼前来，于是伽利略利用这个发现，发明了望远镜。

A(Adapt)：改造。包括改变功能或者部分结构等。考虑对现有的事物能否做适当的改变，如改变颜色、味道、形状等。例如，美国的沃特曼对钢笔尖结构做了改革，在笔尖上开个小孔和小沟，使书写流畅，因此成了钢笔大王。

M(Modify)：调整。包括放大、缩小、调整形状、规模等。考虑对现有的事物能否做适当调整，如改变布局、改变型号、调整计划、调整规格等。例如，在飞机诞生初期，螺旋桨装在飞机头部，后来装到了顶部则变成了直升飞机；原来的汽车喇叭按钮装在方向盘的轴心上，每次按喇叭得把手移到轴心处，既不方便又不安全。后来有人将喇叭按钮改装在方向盘的下半个圆周上，只要在该区域任意处轻按就行，深受司机欢迎。

P(Put to other uses)：挪作他用或者改变意图。考虑现有的事物还有没有其他用途，或者稍加改造就可以扩大它们的用途。尽管世界上各种事物都有其特定的功能，如扫帚用来扫地、杯子用来盛水、书报用来阅读等，但实际上这只是人们所习惯的常用的方面，其潜在功能远不止于此。在特定情况下，扫帚可以作支撑物、扁担、武器等，杯子可充当乐器、量具等，书报可作包装纸、铺垫物、练毛笔字等。显然，对潜在功能的开发，可能会带来新的效益。例如，方便面是一种只用开水一冲就能食用的快餐食品，它以不需要烹调并且味道鲜美可口而深受消费者欢迎。正是这一创新，使发明方便面的日本一家小企业一跃成为食品行业的明星。许多企业触类旁通，沿着这一思路，开发出以"方便"为特点的方便米饭、方便米粉、方便蔬菜等新食品。如果我们对各种各样的食品乃至用品进行"方便"化，就会有无数可以创新的课题。

E(Eliminate)：去除。包括简化，去掉部分功能或特征，凸显核心功能等。考虑现有的事物是否能够去掉、取消、缩小等，这又是一条创新途径。例如，一按即可的"傻瓜照相机"、即冲即饮咖啡都是很受欢迎的产品。

R(Reverse)：逆向操作、重新安排。包括里外对换、上下颠倒、逆转、重组等。考虑现有的事物能否从相反的角度重新考虑，能否正反颠倒、上下颠倒、主次颠倒、作用颠倒等。

事实上，上述 7 种思维方式是人类创新发明的重要途径。它是通过从 SCAMPER 7 个方面的思考，启发人们缜密地、多角度地思考问题、解决问题。它的关键是一个"变"字，而不是把注意力凝固于某一点或某一方向上，从而为人们提供一个多角度的思考方法。例如，我们用纸代替布料，发明了面巾纸；我们把菜篮子与自行车组合在一起，有了车筐；我们把台式电脑的各组件缩小并组合在一起，产生了手提电脑；电力与动力的逆向转换，引发了电动机和发电机的发明等。

当我们使用奔驰法时，还可以设置不同的背景、资金、预期等条件，对某些产品持续进行思考，从中得出不同的创新方案。如：

（1）如果你要改良这个自行车，你会如何改良？

（2）如果我十年后使用这辆自行车的话，应该如何改呢？

（3）如果我有 100 万美元要投资在这个产品上，我要怎么改呢？

二、强制关联法

强制关联法 (Force Relations) 又称"目录法""目录检查法（Catalog Technique）"，是一种查阅和问题有关的目录或索引，以提供解决问题的线索或灵感的方法。

我们在考虑解决某一个问题时，可以一边翻阅数据性的目录，一边以强迫性的方式把眼前出现的信息和正在思考的主题联系起来，然后从中形成构想。此方法的原有功能就是促进联想的产生，通过联想可以把各种素材组合在一起。联想的范围是因人而异的，这一种方法的目的是通过逐一审视连本人也未曾想到的素材，以激发联想。

强制关联一般可分为以下 4 个步骤。

（1）把所能想到的解决问题方法都列成一张表；

（2）把这些构想逐一与其他构想发生联系；

（3）强制性进行新的组合；

（4）产生解决问题的新奇构想。

【案例】利用强制关联法如何发明一个新的洗衣篮？

要问自己一些问题：

可以从哪些方面改良目前的洗衣篮？

可以用什么材料来做洗衣篮？

这个篮子可以做成什么形状？

篮子表面应怎样处理？

篮子放在什么位置上？

把问题进行汇总之后做成表格，如表4-5所示。

表4-5　强制关联法

材质	形状	表面处理	摆放位置
柳条	正方形	自然	地板上
塑料	圆柱形	彩绘	天花板上
纸质	长方形	透明	窗台上
铁艺	六边形	发亮	门上

对每一项内容进行各种形式的强制性关联，看看有没有新发现？如：

（1）如果我用柳条材质的六边形的彩绘表面的篮子，放在门上怎样？

（2）如果我用纸质的六边形发亮表面的篮子放在天花板上怎样？

……

使用强制关联法，应注意以下事项。

（1）根据需要解决的问题准备适当的目录。

（2）适当的目录通常具有以下三个特色：

A. 范围广泛，主题不偏颇；

B. 有丰富的图片（彩色更好）、照片或插图；

C. 在翻阅到的页面上能使主题抓住眼球。

三、PPCO方法

这是一种理性地对问题进行陈述和分析的聚合思维工具。PPCO分别代表四个英文单词，分别是Plus(加分项)、Potentials（潜力）、Concerns（担心的问题）和Overcoming（克服担心）。该方法是一种比较客观的分析方法。

使用PPCO的基本方法时依次客观地列举事实性的陈述，然后再进行系统分析。其目的是让决策者对创新对象有一个更客观的判断。

【案例】

假如有以水为动力的汽车，请按照PPCO的理论对此进行分析。

加分项（Plus）：

（1）容易获得资源；

（2）价格便宜；

（3）节能环保。

潜力（Potentials）：

（1）干净，减少空气污染；

（2）废水循环利用；

（3）速度慢，对于司机来讲更安全。

担心的问题（Concerns）：

（1）水资源短缺；

（2）水的价格会上涨；

（3）活动区域受限。

克服担心（Overcoming）：

（1）政府会出面干预价格，控制价格上涨；

（2）人们开始考虑水资源的合理运用。

四、TRIZ

（一）概念与由来

TRIZ 是发明问题解决理论，是由苏联发明家根里奇·阿奇舒勒 (G. S. Altshuller)

于 1946 年创立的。TRIZ 是拉丁语 Teoriya Resheniya Izobreatatelskikh Zadatch（发明问题的解决理论）的首字母，其英文全称是 Theory of Inventive Problems Solution，在欧美国家也可缩写为 TIPS。

阿奇舒勒在长期的发明理论研究工作中发现任何领域的产品改进、技术的变革、创新和生物系统一样，都存在产生、生长、成熟、衰老、灭亡阶段，是有规律可循的。人们如果掌握了这些规律，就能有效进行产品设计并能预测产品的未来趋势。在他的领导下，苏联的研究机构、大学、企业组成了 TRIZ 的研究团体，分析了世界近 250 万份高水平的发明专利，以及解决各种技术矛盾和物理矛盾的相关书籍，总结出各种技术发展遵循的规律，总结出人类进行发明创造所应遵循的 40 个原理和法则，建立起 TRIZ 理论体系。

TRIZ 作为解决技术问题或发明问题的一种强有力方法，并不是针对某个具体的机构、机械或过程，而是要建立解决问题的模型及指明的探索方向。TRIZ 的原理、算法也不局限于任何特定的应用领域。它能指导人们创造性地解决问题并提供科学的方法、法则。因此，TRIZ 可以广泛应用于各个领域创造性地解决问题。经过半个多世纪的发展，TRIZ 理论已经发展成为一套解决新产品开发问题的理论和方法体系，它实用性强，并经过实践检验，应用领域也从工程技术领域扩展到管理、社会等方面。该理论不仅在苏联得到广泛应用，在美国的很多企业特别是大企业，如波音、通用、克莱斯勒等的新产品开发过程中也得到了广泛应用，创造了可观的经济效益。近年来，TRIZ 引入我国，并在诸多科研院所和大型企业研究机构发挥作用，为快速提升我国创新技术水平提供了技术上的支持。

实践证明，运用 TRIZ 理论，可大大加快人们创造发明的进程，而且能得到高质量的创新产品。它能够帮助我们系统分析问题，快速发现问题本质或者矛盾，它能够准确确定问题探索方向，帮助我们突破思维障碍，打破思维定势，以新的视角分析问题，进行系统思考，根据技术发展规律预测未来趋势，帮助我们开发富有竞争力的新产品。

（二）特征

TRIZ 的核心思想体现在以下三个方面。

（1）无论是一个简单产品还是复杂的技术系统，其核心技术的发展都是遵循客观规律发展演变的，即具有客观的进化规律和模式。

（2）各种技术难题、冲突和矛盾的不断解决是推动这种进化过程的动力。

（3）技术系统发展的理想状态是用尽量少的资源实现尽量多的功能。

在其核心思想的指导下，TRIZ理论形成了自己鲜明的特点和优势。它成功地揭示了创造发明的内在规律和原理，着力于澄清和强调系统中存在的矛盾，而不是逃避矛盾。其目标是完全解决矛盾，获得最终的理想解，而不是折衷或者妥协。它基于技术的发展演化规律研究整个设计与开发过程，而不是随机的行为。

（三）发明原则

TRIZ理论包含许多系统及丰富的创造性思维方法和问题分析方法，是一个非常丰富的理论体系，这里主要列举其著名的40项发明原则，可以为我们提供直观、可借鉴的方法。

1. 分割原则

（1）将物体分成独立的部分。

（2）使物体成为可拆卸的。

（3）增加物体的分割程度。

例：房间可以划分出不同的功能区；茶叶可以拆分为小袋包装；企业可以划分小的核算单位，可以分为若干事业部等。

2. 抽出原则

从物体中抽出"干扰"部分（"干扰"特性），或者相反，分出唯一需要的部分或需要的特性，或者是单独保留一个物体的必要部分（特性）。

例：报刊亭可以看作书店的一种拆分；宾馆房间内的插座可以抽出部分不受插卡取电的影响，方便客人不在房间时也可以充电；安装空调时可以把噪音大的压缩机置于室外等。

3. 局部性质原则

（1）从物体或外部介质（外部作用）的一致结构过渡到不一致结构。

（2）物体的不同部分应当具有不同的功能。

（3）物体的每一部分均应具备最适于它工作的条件。

例：技术创新人员每周一天自主安排工作地点；商场设置儿童区；根据工作任务、性质不同设置不同的班组等。

4. 不对称原则

（1）将物体的对称形式转为不对称形式。

（2）如果物体不是对称的，则加强它的不对称程度。

例：防撞汽车轮胎具有一个高强度的侧缘，以抵御人行道路缘石的碰撞；把服装左右设计成明显的长短不一；女士领结故意偏向一侧等。

5. 组合原则

（1）把相同的物体或完成类似操作的物体组合起来。

（2）把时间上相同或类似的操作联合起来。

例：双联显微镜组，由一个人操作，另一个人观察和记录；水龙头与温度计组合，可以准确记录水的温度；运动鞋与灯光、声音组合在一起等。

6. 多用性 / 多面性原则

一个物体拥有多种不同功能，可以同时替代其他物体的某些功能，甚至不需要其他物体。

例：提包的提手同时作为拉力器；配件标准化可使许多设备通用等。

7. "玛特廖什卡"原则（迭套 / 嵌套）

（1）一个物体位于另一物体之内，而后者又位于第三个物体之内，等等。

（2）一个物体通过另一个物体的空腔。

例：超市购物车可以嵌套儿童座椅、不同物品存放、挂钩等多种功能；利用充值卡优惠活动进行营销推广；嵌套式机器零部件。

8. 重量补偿原则

（1）将物体与具有上升力的另一物体结合以抵消其重量。

（2）将物体与介质(最好是气动力和液动力)相互作用以抵消其重量。

例：氢气球吊起广告牌；将调节转子风力机转数的制动式离心调节器安在转子垂直轴上。其特征是：为了在风力增大时把转子转速控制在小的转数范围内，将调节器离心片做成叶片状，以保证气动制动。

9. 预先反作用原则

针对需要完成的作用而可能出现的不利因素，预先施加反作用，用以防范其不利因素产生。

例：杯形车刀车削方法是：在车削过程中车刀绕自己的几何轴转动。其特征是为了防止产生振动，应预先向杯形车刀施加负荷力，此力应与切削过程中产生的力大小相近，方向相反；购买理财产品，事先进行风险承载能力的评估。

10. 预先作用原则

（1）预先完成要求的作用（整个的或部分的）。

（2）预先将物体安放妥当，使它们能在现场和最方便地点立即完成所需要的作用。

例：吸收用户一起参与产品设计；按家具摆放位置进行设计和加工。

11. "预先放枕头"原则（预置防范）

以事先准备好的应急手段补偿物体的可靠性，或对可靠性较低的物体预设紧急防范措施。

例：汽车设置防爆气囊；轮船设置救生艇；站着开会以减少会议时间。

12. 等势原则

改变工作条件，减少物体上升或下降。

例：有一种装置不必使沉重的压模升降，这种装置在压床上安装了带有输送轨道的附件（苏联发明证书264679）。

13. "相反"原则

（1）不实现常规的作用而实现相反的作用。

（2）使物体或外部介质的活动部分成为不动的，而使不动的成为可动的。

（3）将物体颠倒。

例：复印机能将文字复制到纸张上，反复印机则能将纸张上的文字清除掉；跑步机通过自身的运动，延长人们跑步的空间；居家购物使顾客走动变成卖家送货。

14. 球形原则

（1）从直线部分过渡到曲线部分，从平面过渡到球面，从正六面体或平行六面体过渡到球形结构。

（2）利用棍子、球体、螺旋。

（3）从直线运动过渡到旋转运动，利用离心力。

例：把管子焊入管栅的装置具有滚动球形电极；滚筒洗衣机。

15. 动态性原则

（1）物体（或外部介质）的特性的变化应当在每一工作阶段都是最佳的。

（2）将物体分成彼此相对移动的几个部分。

（3）使不动的物体成为动的。

例：用带状电焊条进行自动电弧焊的方法，其特征是，为了能大范围地调节焊池的形状和尺寸，把电焊条沿着母线弯曲，使其在焊接过程中成曲线形状（苏联发明证书258490）；将防盗窗设计成灵活移动装置，满足紧急情况逃生需要。

16.局部作用或过量作用原则

如果难以百分之百取得所要求的功效，则应当取得略小或略大的功效，这样可以大大简化问题。

例：进入新市场，可选择不同的广告策略；为客户提供超出预期之小惊喜，可大幅度提升客户愉悦度，如试吃、试住、试驾。

17.向另一维度过渡的原则

（1）如果物体作线性运动（或分布）有困难，则使物体在二维度（即平面）上移动。相应地，在一个平面上的运动（或分布）可以过渡到三维空间。

（2）利用多层结构替代单层结构。

（3）将物体倾斜或侧置。

（4）利用指定面的反面。

（5）利用投向相邻面或反面的光流。

例：立体车库；螺旋楼梯；企业借助外脑。

18.机械振动原则

（1）使物体振动。

（2）如果已在振动，则提高它的振动频率（达到超声波频率）。

（3）利用共振频率。

（4）利用超声波振动和电磁场的配合。

例：无锯末断开木材的方法，其特征是，为减少工具进入木材的力，使用脉冲频率与被断开木材的固有振动频率相近的工具（苏联发明证书307986）。

19.周期性动作原则

（1）从连续作用过渡到周期作用（脉冲）。

（2）如果作用已经是周期的，则改变周期性。

（3）利用脉冲的间歇完成其他作用。

例：定期审核项目的进度与预期计划的吻合度；淡季时进行设备维护；变频空调。

20. 连续有益作用原则

（1）连续工作（物体的所有部分均应一直满负荷工作）。

（2）消除空转和间歇运转。

例：加工两个相交的圆柱形的孔的方法是使用正反行程均可切削的钻头（扩孔器）（苏联发明证书 M262582)；打印机头来回连续打印；工厂内核心设备连续运转，以达到最佳利用率。

21. 急速跃过原则

高速跃过某个过程或其个别阶段（如有害的或危险的）。

例：照相时使用闪光灯；快速淘汰或更新过季产品。

22. 变害为利原则

（1）利用有害因素（特别是介质的有害作用）获得有益的效果。

（2）通过有害因素与另外几个有害因素的组合来消除有害因素。

（3）将有害因素加强到不再是有害的程度。

例：工业废渣、废气的回收利用。

23. 反向联系原则

（1）进行反向联系。

（2）如果已有反向联系，则改变它。

例：拜访客户，征询产品改善意见；利用设备上的各种仪表反馈运行信息。

24. 中介原则

（1）利用可以迁移或有传送作用的中间物体。

（2）把另一个（易分开的）物体暂时附加给某一物体。

例：利用第三方监督质量；在化学反应中使用催化剂；利用传动杆传递能量。

25. 自我服务原则

（1）物体应当为自我服务，完成辅助和修理工作。

（2）利用废料（能量的和物质的）。

例：计算机软件系统中设置复原功能；风力发电。

26. 复制原则

（1）用简单而便宜的复制品代替难以得到的、复杂的、昂贵的、不方便的或易损坏的物体。

（2）用光学复制（图像）代替物体或物体系统。此时要改变比例（放大或缩小复制品）。

（3）如果利用可见光的复制品，则转为红外线的或紫外线的复制。

例：虚拟仿真系统；微缩景观；卫星勘测。

27. 一次用品替代原则

用一组廉价物体代替一个昂贵物体，放弃某些品质（如持久性）。

例：一次性的捕鼠器是一个带诱饵的塑料管，老鼠通过圆锥形孔进入捕鼠器，孔壁是可伸直的，老鼠只能进，不能出；一次性纸尿布、纸裤。

28. 替换机械系统原则

（1）用光学、声学及感官系统（味觉、嗅觉）等设计原理代替力学设计原理。

（2）用电场、磁场和电磁场与物体相互作用。

（3）由恒定场转向不定场，由时间固定的场转向时间变化的场，由无结构的场转向有一定结构的场。

（4）利用铁磁颗粒组成的场。

例：开发遥控器；利用信息软件进行远程程序更新与整合等服务。

29. 利用气压和液压结构的原则

用气体结构和液体结构代替物体的固体部分，如充气和充液的结构，气枕，静液的和液体反冲的结构。

30. 利用软壳和薄膜原则

（1）利用软壳和薄膜代替一般的结构。

（2）用软壳和薄膜使物体同外部介质隔离。

例：可折叠手机屏幕；柔性计算机键盘。

31. 利用多孔材料原则

（1）把物体制作成多孔的或利用附加多孔元件（镶嵌，覆盖，等等）。

（2）如果物体是多孔的，事先用某种物质填充空孔。

例：蜂窝煤；消音板；适当授权给客服人员。

32. 改变颜色原则

（1）改变物体或外部介质的颜色。

（2）改变物体或外部介质的透明度。

（3）为了观察难以看到的物体或过程，利用染色添加剂。

（4）如果已采用了这种添加剂，则采用荧光粉。

例：透明绷带不必取掉便可观察伤情；透明厨房。

33. 一致原则

相互作用的物体应当用同一（或性质相近的）材料制成。

例：滚动轴承的内圈、外圈、滚动体和保持架材质应该一致；切割金刚石的刀具应该用金刚石制作。

34. 抛弃和再生原则

（1）应当剔除已完成自己的使命或已无用的部分（溶解、蒸发等），或在工作过程中直接变化。

（2）消除的部分应当在工作过程中直接再生。

例：医药中使用的胶囊；太阳能路灯；员工定期参加培训。

35. 改变物体聚合态原则

（1）将物体的固态、液态、气态、位置、动态、静态等进行转换。

（2）改变物体的浓度、密度。

（3）改变物体的柔性或灵活程度。

（4）改变物体的温度或体积。

例：天然气转换为液化气；洗手液与肥皂的转换；医院的高压氧舱。

36. 相变原则

利用相变时产生的效应来实现某种有效功能。

例：利用水冻结成冰的膨胀爆破水泥；利用潮汐发电。

37. 利用热膨胀原则

（1）利用材料的热膨胀（或热收缩）。

（2）利用一些热膨胀系数不同的材料。

例：热气球；热敏开关。

38. 利用强氧化剂原则

（1）用富氧空气代替普通空气。

（2）用氧气替换富氧空气。

（3）用电离辐射作用于空气或氧气。

（4）用臭氧化了的氧气。

（5）用臭氧替换臭氧化的（或电离的）氧气。

例：利用在氧化剂媒介中进行化学输气反应制取铁箔。其特征是，为了增强氧化和增大镜箔的均一性，该过程在臭氧媒质中进行（苏联发明证书 261859）。

39. 采用惰性介质原则

（1）用惰性介质代替普通介质。

（2）在真空中进行某过程。

例：为了预防棉花在仓库中燃烧而用惰性气体处理棉花；会议争论激烈时突然暂停或休息。

40. 利用混合材料原则

由同种材料转为混合材料。

例：使用碳素纤维高尔夫球杆，使之变轻、强度好、更具韧性；使用复合地板代替纯木地板，抗开裂。

参考文献

[1] 阳荣威.创新思维障碍及突破 [J].中国教育学刊，2000(5)：18-19.

[2] 农兴强.试论创新思维的文化与环境障碍及突破 [J].广西教育学院学报，2001(4)：112-115.

[3] 张晓芒.创新思维方法概论 [M].北京：中央编译出版社，2008.

[4] 杜永平.创新思维与创造技法 [M].北京：北京交通大学出版社，2003.

[5] 朱安妮塔·布朗，等.世界咖啡 [M].北京：机械工业出版社，2010.

[6] 寇静，徐秀艺.创新思维 [M].北京：中国人民大学出版社，2013.

[7] 孙洪义.创新思维基础 [M].北京：机械工业出版社，2016.

[8] 陈工孟.创新思维训练与创造力开发 [M].北京：经济管理出版社，2016.

[9] MIchael Michalko. Thinkertoys[M]. Berkeley: Ten Speed Press，2006.

[10] 爱德华·德·波诺.六顶思考帽 如何简单而高效地思考 [M].北京：中信出版集团，2016.

[11] 周苏.创新思维与科技创新 [M].北京：机械工业出版社，2016.

[12] 巴特菲尔德.现代科学的起源 [M].上海：上海交通大学出版社，2016.

[13] 杨哲.创新思维与能力开发 [M].南京：南京大学出版社，2016.

[14] 罗素.西方哲学史 [M].北京：商务印书馆，2015.

[15] 陈德.中西方文化与语言解析 [M].西安：西安交通大学出版社，2015.

[16] 刘卫平.知识创新思维学 [M].北京：中国书籍出版社，2012.

[17] 孙洪敏.创新哲学研究 [M].北京：社会科学文献出版社，2012.

[18] 黎志敏.知识的"善"与"真" [M].北京：人民出版社，2011.

[19] 董振华.创新实践论 [M].北京：人民出版社，2011.

[20] 贺善侃.创新思维概论 [M].上海：东华大学出版社，2011.

[21] 梁漱溟.东西文化及其哲学 [M].北京：商务印书馆，2010.

[22] 洪谦.论逻辑经验主义 [M].北京：商务印书馆，2010.

[23] 王跃新 . 创新思维学 [M]. 长春：吉林人民出版社，2010.

[24] 王跃新 . 创新思维应用学 [M]. 长春：吉林人民出版社，2010.

[25] 杨春鼎 . 形象思维学 [M]. 长春：吉林人民出版社，2010.

[26] 刘奎林 . 灵感思维学 [M]. 长春：吉林人民出版社，2010.

[27] 胡珍生 . 创造性思维方式学 [M]. 长春：吉林人民出版社，2010.

[28] 王跃新 . 创新思维学教程 [M]. 北京：红旗出版社，2009.

[29] [美] 克里斯坦森 . 创新者的窘境 [M]. 北京：中信出版社，2013.

[30] 张晓芒 . 创新思维方法概论 [M]. 北京：中央编译出版社，2008.

[31] 李淑文 . 创新思维方法论 [M]. 北京：中国传媒大学出版社，2006.

[32] 贺善侃 . 创新思维概论 [M]. 上海：东华大学出版社，2006.

[33] 卢明森 . 创新思维学引论 [M]. 北京：高等教育出版社，2005.

[34] [美] 罗伯·史登，特德·鲁巴特 . 不同凡响的创造力 [M]. 北京：中国城市出版社，2000.

[35] 罗玲玲 . 创造力理论与科技创造力 [M]. 沈阳：东北大学出版社，1998.

[36] [英] 德·波诺 . 横向思维法 [M]. 上海：三联书店，1991.